U0024208

卡內基的活用智慧

Dale Carnegie

成功學10堂課一氣呵成

張笑恒／著

目錄
Contents

第一篇　人際交往的基本技巧

第二篇 如何做個受歡迎的人

第三篇 如何贏得別人的贊同

目錄
Contents

第四篇
如何不招致反感或怨恨

第五篇
使你的家庭生活更幸福

第六篇 平安快樂的要訣

第七篇 提高敢想敢做的行為能力

目錄
Contents

第八篇 減少衝突和矛盾的口才技巧

第九篇 其實工作是美麗的

第十篇 如何讓你變得更加成熟

前言

活用卡內基的智慧

戴爾・卡內基是二十世紀最偉大的成功學大師，是美國著名的心理學家和人際關係學家，被譽爲「現代成人教育之父」。他一生致力於人性問題的研究，他運用心理學和社會學知識，對人類共同的心理特點進行探索和分析，開創並發展出一套獨特的融演講、推銷、爲人處世、智慧開發爲一體的成人教育方式。

卡內基以過人的智慧、嚴謹的思維，在道德、精神和行爲準則三個方面指導萬千讀者，給人以安慰與鼓舞，使人從中汲取力量，改變自己的生活，開創嶄新的人生。成千上萬個懷揣偉大夢想但又深陷現實困境中的人們，從卡內基的教育中獲益匪淺，通過不懈的努力，最終實現了人生的目標。

本書通過簡潔明瞭的語言，結合生動具體的事例闡釋卡內基的成功智慧，告知讀者該如何在社交活動中與人和諧相處，並有效地影響他人；如何做個受歡迎的人，贏得人們的關注和青睞；如何贏得別人的贊同，避免不必要的摩擦；如何不招致反感和怨恨，給人留下一個好名聲；如何使你的家庭更加和諧、幸福；怎樣能使自己平安快樂；如何提高自己的行爲能力；怎樣用善辯的口才減少衝突和矛盾；如何讓自己的工作充滿快樂；如何讓自己變得更加成熟。細細品味、活學活用卡內基的智慧，從中找到自己需要的東西，將有助於當代追求成功的人士更好地認識自己，看清前進的道路，從而爲成功開闢捷徑。

《卡內基的活用智慧》一書，可說是凝聚卡內基眾多著作的精華。它集卡內基超人的智慧、嚴謹的思維於一身，又結合現實社會的實際情況，闡釋了卡內基的成功智慧。此書不僅可以幫助我們發掘人性的優點，走出憂慮的人生，讓我們擁有幸福和快樂；還能在道德、精神和行爲準則上給我們帶來安慰和鼓舞，使我們從中汲取力量，最終通過不懈努力走向成功，走向勝利。

本書結構嚴謹，層次分明，富於哲理性，是一本能夠指引讀者克服自身弱點、走出人生困境的勵志書籍。相信我們每個人都擁有渴望改變自己、贏得成功的夢想和欲望，那麼就請你來吸吮卡內基帶給你的甘甜智慧吧！

｜第一篇｜
人際交往的基本技巧

【戴爾・卡內基智慧】

● 我們不要去責怪別人，而要試著去瞭解他們，弄明白他們為什麼會那麼做。這會比批評更有益，而且還能產生同情、容忍以及仁慈。「瞭解了一切，就會寬恕一切！」

● 我們先別忙著表述自己的功績和自己的需要。讓我們先看看別人的優點，然後拋棄恭維，給人以真摯誠懇的讚美吧。

● 記住：「首先激發別人的需求。如果能做到這點，就可以如魚得水，否則辦不成任何事情。」

● 始終挑剔的人，甚至最激烈的批評者，都會在一個有忍耐和同情心的傾聽者面前軟化降服。

● 如果你要讓別人同意你的觀點，你就要友善地對待他，先使他相信你是他真正的朋友。

● 儘量去瞭解別人，而不要用指責的方式，儘量設身處地去想，他們為什麼要這樣做。這比起評語責怪要有益、有趣得多，而且讓人心生同情、忍耐和仁慈。

● 在你每天的生活之旅中，別忘了為人間留下一點讚美的溫馨，這一點小火花會燃起友誼的火焰。

● 如果我們的敵人知道他們是如何讓我們擔心，讓我們煩惱，讓我們一心只想報復的話，他們一定會高興得手舞足蹈。我們心中的恨意完全傷害不到他們，可是卻使我們的生活變成了地獄。

● 愛是一種最適當的食糧，我們的精神靠著它生存和成長。

● 如果你是對的，就要試著溫和而巧妙地讓對方同意你；而如果你錯了，就要迅速而勇敢地承認。這遠比自我辯護更加有效。

● 一般說來，如果你不喜歡人們，有個簡單的方法可以教化這種特性：尋找別人的優點。你一定會找到一些的。

少一些批評和抱怨

始終挑剔的人，甚至最激烈的批評者，都會在一個有忍耐和同情心的傾聽者面前軟化降服。

——戴爾·卡內基

我們不應該總是批評和抱怨，因爲太多的抱怨只會讓人退避三舍。批評和抱怨往往會讓我們偏離問題的本質，偏離解決問題的軌道！無心的抱怨，也隨時會在人際關係中產生極大的消極影響。少一些批評和抱怨，往往能使人更好地承擔起自己的責任，並得到不斷的發展提高，以不斷拓展自身的價值。

林肯臨終前，他的陸軍部長斯坦頓高度評價他說：「躺在那裡的，是世界上最完美的元首。」林肯待人成功的秘訣是什麼？卡內基曾用了十年左右的時間，研究了林肯的一生，又花了三年時間，寫成了一本關於林肯的書。

卡內基相信，他已經相當瞭解林肯的生活、性格，以及他處理事務時的做法。同時，卡內基還仔細研究了他待人接物的方法。那麼，林肯是否也對他人提出過批評呢？答案是肯定的。

林肯年輕的時候，曾在印第安那州的鴿溪谷定居。那時的他不但常當面指責他人，甚至還寫信作詩去嘲諷。他常把自己寫好的東西，扔在他人必經的路上，這種傷害他人的行為，往往使人終身難忘。

當他搬到伊利諾州的春田鎮，掛牌做了律師後，他還在報紙上發表他的文稿，公開攻擊一個自大好鬥的名叫西爾茨的愛爾蘭政客。

那是一八四二年的秋天，當時林肯在報上，刊登出一封匿名信以諷刺西爾茨，全鎮的人都把這件事當做笑料。西爾茨平時就敏感而自負，這件事當然激起了他的心頭怒火。當他查出是誰寫的這封信時，立即跳上馬找林肯去了。他要和林肯決鬥。林肯平時最反對的就是武力，可是為了自己的面子終於還是答應了下來。他的對手西爾茨讓他自己選用武器，林肯的兩條手臂特別長，而且曾學習過刀戰，於是便選用了馬隊用的大刀。到了指定的日期，他和西爾茨在密西西比河的河灘上，準備拚死決鬥，就在最後一分鐘，兩人的朋友匆忙趕到，總算阻止了這場決鬥。

這件事對林肯來說，是個終身的教訓。他不再寫那些凌辱人的信，不再譏笑他

人，從那時開始，他幾乎再不為任何事去批評別人了。

還有一件事，發生在美國內戰的時候。林肯曾屢次委派新的將領去統率「波托麥克軍」，可是他們卻一個個地遭到了慘敗。當全國半數以上的人都在指責這些失職的將領時，林肯卻仍舊保持著平和的態度。他最喜歡的一句格言是：「不要評議他人，免得為他人所評議。」

卡內基還講過下面這個例子。

一天晚上，南方將領李將軍開始向南邊撤退。當時的雨水氾濫成災，李將軍帶領著敗軍到達波托麥克時，看到前面的河水暴漲，無法通過。與此同時，勝利的聯軍就在後面步步逼近。李將軍和他的軍隊進退維谷，被圍困了起來。

林肯知道這正是個極好的機會，如果能把李將軍的軍隊俘虜了，就可以立即結束這場戰爭。於是他滿懷希望，命令特使彌特，不必召開軍事會議，立即襲擊「李軍」。林肯先用電報發出命令，然後派出特使要彌特立即採取行動。

可是這位彌特將軍又是如何處理的呢？彌特所採取的行動卻跟林肯的命令相反。他違反了林肯的命令，召開了一個軍事會議，並將會議拖延下去。在這期間，彌特用各種藉口來搪塞，實際上是在拒絕進襲「李軍」。最後河水退去，李將軍和他的軍隊就這樣逃離了波托麥克。

彌特這樣做是何等用意？當林肯知道這件事後，震怒至極，忍不住大聲叫道：「老天爺，這是什麼意思……『李軍』已在我們掌握中了，只要一伸手，他就是我們的了……在那種情形下，任何將領都能帶兵把李將軍打敗。如果我自己去，現在已經把他捉住了。」在無盡的失望之中，林肯寫了封信給彌特。實際上，從林肯的一生來看，他一直是個謹小慎微的人，所以這封信，大概是成了總統後的他所發出最嚴厲的指責了。林肯那封信的內容是這樣的：

親愛的彌特將軍：

我相信您也注意到了，由於「李」逃脫，所引起了一系列的不幸事件，這件事對美國有重大的影響。如果能將他捕獲，再加之我們在其他戰場獲得的勝利，就可以立即結束這場戰爭。

可是照現在的情形來推斷，戰事將會無限期地延長下去。上星期一您不能順利地襲擊「李軍」，您又怎麼再進攻呢……我對您不再抱有期望，因為您已錯過了金子般的良機，這使我無限悲痛。

林肯

據你的猜想，當彌特看到這封信後，他將會如何呢？不過，你應該沒有想到：彌特從沒有看到過這封信，因為林肯並沒有把信寄出去。這封信是在林肯去世後，在他的文件中發現的。

原來，林肯寫了這封信後，望著窗外喃喃自語：「冷靜點，或許我不該這麼匆忙。我坐在這安靜的白宮裡，只是對彌特下命令，命令別人是一件輕而易舉的事。如果我到了那裡，看到滿地的鮮血，聽到傷者的呼叫、呻吟，也許我也不會急著向『李軍』進攻……現在木已成舟，無法挽回了。如果我發出這封信，固然除了我心裡的不快，可是彌特必然也會替自己辯護。這樣一來，我將無法保持對他的好感，甚至可能會撤銷他司令官的頭銜。」

林肯正是因為考慮到這些，才沒有把信發出去，而是鎖到了他的抽屜裡。因為他從過去的經驗中得到了教訓：尖銳的批評、斥責永遠不會起到正面的效果。

卡內基提醒我們，今後，當我們想要責備別人的時候，應該首先問自己：「如果林肯遇到這類事情，他將會如何去處置呢？」

當我們在對待一個人的時候，應該記住，我們是在對待一個有感情的動物。批評是危險的導火線——能使「自尊火藥庫」爆炸的導火線。這種爆炸，有時會置人於「死地」。

許多人都慣於批評、責備和抱怨，殊不知這是最笨的處世方法。但要學會寬恕、瞭解，那就需要完善你的人格，克制自己。儘量不為任何事情去批評和責備別人，才是聰明的做法。梭羅曾經說過：「我們的生命不應虛擲於瑣碎之事中，而應該儘量簡單，儘量快樂。」從現在起，少一些批評和抱怨，開始我們快樂的生活。

友善地對待他人

如果你要讓別人同意你的觀點，你就要友善地對待他，先使他相信你是他真正的朋友。

——戴爾・卡內基

「一滴蜂蜜比一加侖膽汁，能捕捉到更多的蒼蠅。」與人相處也同樣如此，友善地對待他人能贏得別人的心，也使你受到大家的歡迎。

下面是一個關於林肯的例子。

有一次，愛德華・史丹唐稱林肯是「一個笨蛋」。史丹唐之所以生氣是因為林肯干涉了他的業務。林肯簽發了一項命令，調動了某些軍隊。史丹唐不僅拒絕執行林肯的命令，而且大罵林肯簽發這種命令是「笨蛋」的行為。結果怎麼樣呢？當林肯聽到史丹唐說的話之後，他很平靜地回答說：「如果史丹唐說我是個笨蛋，那我一定就是個笨蛋，因為他幾乎從來沒有出過錯。我得親自過去看一看。」

林肯果然去見史丹唐，他知道自己簽發了錯誤的命令後，於是收回了成命。只

要是誠意的批評，是以事實為根據且有建設性的批評，林肯都非常歡迎。所以，如果你要與人和諧相處，你就要友善地對待他，先使他相信你是他真正的朋友。有這樣一則故事：

一個少年在企圖行竊時，被躺在床上的一位女孩發現了。女孩並沒有報警，而是裝作並不知道他是小偷，熱情地邀請他與自己聊天。他們聊得挺開心。少年臨走前，女孩用自己的阿馬提小提琴為他拉了一首曲子，然後又把琴送給了少年。後來，當少年再去找女孩時，女孩因患骨癌已離開了人世，在她青色的墓碑上鐫刻著「把友善奉獻給這個世界，所以我快樂」。少年從此變了樣，他在貧困和苦難中重拾自尊，走出了逆境！最終，昔日的少年成才了，在世界第一流的悉尼大劇院，他深情地拉起了悠揚的曲調——把它獻給那位女孩。

小女孩善待少年，是為了體面地維護他的尊嚴。她也許永遠不會意識到，她的友善、寬容和愛心——震撼了一個迷途少年的心，讓他重新樹立了信念，揚起生活的風帆。

一次友善的交談，一首優美的曲子，就這樣改變了一個人的一生！其實，溫和與友善在生活中無時不有，無處不在。

請奉獻你的友善，那是人與人和諧相處的潤滑劑，心與心溝通的橋樑，也是一種愛的儲蓄；它讓你和你身邊的人感情更純真，也讓這個世界、讓我們的生活更加美好。

美國著名的試飛駕駛員胡佛，有一次飛回洛杉磯時，在距地面九十多米的高空中，突然有兩個引擎同時失靈，幸虧他技術高超，飛機才奇跡般地著陸。胡佛立即檢查飛機用油，正如他所預料的，他駕駛的那架螺旋槳飛機，裝的卻是噴氣機用油。當他召見那個負責保養的機械工時，對方已嚇得直哭。這時，胡佛並沒有像大家預想的那樣大發雷霆，而是伸出手臂，抱住那位機械工的肩膀，信心十足地說：「為了證明你能幹得很好，我想請你明天幫我的飛機做維修工作。」從此，胡佛的飛機再也沒有出過任何故障，那位馬馬虎虎的機械工也變得兢兢業業、一絲不苟了。

這個故事令人感動。雖然機械工的過失險些使自己喪命，但心地善良的胡佛深深懂得有過失者的心理。當對方因出了嚴重差錯而痛苦不堪時，胡佛能夠善解人意，自我克制，出人意料地給予他人寬慰，使其恢復自信和自尊。這就是友善的巨大力量。試想，如果胡佛怒斥這位機械工，甚至不依不饒地追究他的責任，那麼很可能會徹底地毀了他。可見，面對同一件事，如果以兩種不同的態度來對待，就會有完全不同的結局。友善，可以使大事化小，小事化了，不

僅善待了他人，也能使自己得益——胡佛的飛機不是從此再沒出過任何故障嗎？而如果以憤怒乃至暴力來應對，結果往往是有百害而無一利。

生活是一面鏡子。當你面帶友善走向鏡子時，你會發現，鏡中的那個人也正滿懷善意地向你微笑；當你以粗暴的態度面對鏡子時，你會發現，鏡中的那個人也正向你揮舞拳頭。

韋伯斯托是一位成功的律師，他只提自己有力的見解，從來不做無謂的爭辯。他平時也只運用極溫和的措辭來表述自己最有力的理由。

他平時常用的語句始終充滿了溫和的字眼，如：「陪審員諸君所考慮的這一點……」「這情形似乎還有進一步探索的必要……」「諸位，下面有幾項事實，我相信你們是不會忽略的……」或者「我相信你們有對人情的瞭解，所以很容易看出這些事實的重要性……」

韋伯斯托所說的話沒有脅迫的意味，他從不將自己的意見強加於別人，而是以輕鬆、友善的方法輕描淡寫地說服對手，正是這種方法使他功成名就。

有人曾說過：「世界上最廣闊的是海洋，比海洋更廣闊的是天空，比天空更廣闊的是人的胸懷。」生活就是如此，給別人一片晴空的同時就是給自己一縷溫暖的陽光。那就讓我們學會善待他人吧，因爲善待他人就等於善待我們自己。

不要直接指責別人的錯誤

儘量去瞭解別人，而不要用指責的方式，儘量設身處地去想，他們為什麼要這樣做。這比起批評責怪要有益、有趣得多，而且讓人心生同情，忍耐和仁慈。

——戴爾．卡內基

當我們想要勸阻別人做某事的時候，切忌對別人做出直接的批評或指責。我們可以用間接的方式暗示對方。因爲指責或批評，只會傷害他人的自尊心。而間接暗示的方法，則會讓對方感覺到你的良苦用心，這樣做不僅可以讓對方接受你的「批評」，還能讓他對你充滿感激。

卡內基簡述了他與其侄女之間相處的經歷。當年，他的侄女約瑟芬•卡內基離開了老家，到紐約擔任卡內基的秘書。她那時才十九歲，雖然高中畢業已經三年了，但做事經驗幾乎等於零。而現在，她已是優秀的秘書之一。

不過，在剛剛開始工作的時候，她的身上還存在許多不足。有一天，卡內基正想開始批評她，但他馬上又對自己說：「等一等，戴爾•卡內基。你的年紀比約瑟芬大了一倍，你的生活經驗幾乎是她的一萬倍。你怎麼可能希望她有著與你一樣的觀點、判斷力和衝勁呢？還有，你十九歲時又在幹什麼呢？還記得你犯的那些愚蠢的錯誤嗎？」

誠實而公正地把這些事情仔細想過一遍之後，卡內基得出了結論，約瑟芬十九歲時的行爲比他當年好多了，而且他很慚愧地承認，他並沒有經常稱讚約瑟芬。

自那以後，每當卡內基想指出約瑟芬的錯誤時，總是說：「約瑟芬，你犯了一個錯誤，但上帝知道，我所犯的許多錯誤比你犯的錯誤更糟糕。你當然不能天生就是萬事精通的，成功需要從經驗中獲得，而且你比我年輕時強多了。我自己曾做過那麼多的愚蠢傻事，所以我根本不想批評你或任何人。但難道你不認爲，如果你這樣做的話，不是更聰明一點嗎？」

如果卡內基一開始就指責約瑟芬的錯誤，反而會使她產生抵觸情緒，這樣他們以後的相處會變得相當困難。

卡內基認爲，即使態度溫和，也不容易改變別人的主意，那爲什麼要使它變得更加困難呢？承認自己或許弄錯了，就可以避免爭論；而且可以使對方和你一樣寬宏大量，承認自己也可能會出錯。

亨利・韓克是印第安那州洛威一家卡車經銷商的服務經理。他公司有一個工人，工作效率每況愈下。但亨利・韓克沒有對他怒吼或威脅，而是把他叫到辦公室裡來，準備跟他坦誠地談一談。

他說：「比爾，你是個很棒的技工。你在這條線上工作好幾年了，你修的車子也很令顧客滿意。其實，有很多人都讚美你的技術好。可是最近，你完成一件工作所需的時間卻加長了，而且你的工作品質也達不到以前的水準。你以前真是個傑出的技工，我想你一定知道，我對這種情況不太滿意。也許我們可以一起來想個辦法解決這個問題。」

比爾回答說，他並不知道他沒有盡好他的職責，並向他的經理亨利・韓克保證，他所接的工作並未超出他的專長，他以後一定會做好。

他做到了沒有？他做到了。他曾經是一個快速優秀的技工，由於亨利・韓克先生給他的工作以美譽，他一定會為自己的榮譽而努力工作。

當員工做錯了某件事時，必定會受到領導的批評指責，領導往往是想通過批評指責來提醒員工，使他改正錯誤，並且以後不再犯同樣或類似的錯誤。但是，不是所有的批評都可以達到這樣的目的，批評和被批評的過程通常不是心平氣和地進行的，並且當下屬遭受到批評時，情況會更加糟糕。而若使員工覺得他們的確從批評中學到了一些東西，才能達到最佳效果。

每個人都有自尊心和一定的認識能力，因此，為了照顧人們的自尊心，批評應委婉含蓄些。因為那些太過直白的話，不容易被人接受，而且往往會傷到他們的自尊心，但如果通過旁敲側擊、迂迴暗示的方法去批評，那麼對方也就比較容易接受你所提的意見並自覺地改正，這樣就達到了「雙贏」的效果。

給予真摯誠懇的讚美

在你每天的生活之旅中，別忘了為人間留下一點讚美的溫馨，這一點小火花會燃起友誼的火焰。

——戴爾・卡內基

只要我們善於發現，生活中到處都有值得讚美的事和值得讚美的人。要知道，讚美別人就彷彿用一支火把照亮別人的生活，也照亮自己的心田，這不僅有助於推崇被讚美者的美德和促進彼此的友誼健康地發展，還能消除人際間的隔閡和怨恨。因此，在生活中我們要記得多給別人真摯誠懇的讚美。

小時候，卡內基是一個公認的壞男孩。在他九歲的時候，父親把繼母娶進家門。當時他們父子還是居住在鄉下的貧苦人，而繼母則來自富有的家庭。

父親一邊向繼母介紹卡內基，一邊說：「親愛的，希望你注意一下這個全州最壞的男孩，他讓我無可奈何。說不定明天早晨，他就會向你扔石頭，或者做出你完全想不到的壞事。」

而出乎卡內基意料的是，繼母微笑著走到他面前，托起他的頭認真地看著他。接著她回來對丈夫說：「你錯了，他不是全州最壞的男孩，而是全州最聰明、最有創造力的男孩。只不過，他還沒有找到發揮熱情的地方。」

繼母的話說得卡內基心裡熱乎乎的，他的眼淚幾乎要滾落下來了。就是因為這一句話，他開始和繼母建立友誼。也就是這一句話，成為他一生的精神支柱，使他創造了成功的廿八項黃金法則，幫助千千萬萬的普通人走上了成功和致富的道路。

在繼母到來之前，沒有一個人稱讚過他的聰明。就連他的父親都認定：他就是個壞男孩。但是，繼母說的這句話，卻改變了他一生的命運。

卡內基十四歲時，繼母給他買了一部二手打字機，並且對他說：「我相信你會成為一名很好的作家。」卡內基接受了繼母的禮物，並開始向當地的一家報社投稿。他瞭解繼母的熱忱，也很欣賞她的那股熱忱，他親眼看到她用自己的熱忱改變了他們的家庭。所以，他不願意辜負她的期望。

來自繼母的這股力量，激發了卡內基的想像力和創造力，使他成為美國的富豪和著名作家，也成為二十世紀最有影響力的人物之一。

這就是讚賞別人的力量。每當回憶起這段往事時，卡內基就會向身邊的人建議：「下一次你在飯店吃到一道好菜時，不要忘記說這道菜做得不錯，並且把這句話傳給大師傅。而當一位

奔波勞累的推銷員向你表現出禮貌的態度時，也請你給予他讚揚。」

也許每一位傳教士、教師以及演講的人，都曾有過掏空自己所有的知識，卻沒有得到聽眾一句讚揚的話的經歷。這些人會碰到這種情形，那些在辦公室、商店以及工廠的工作人員，還有你家裡的人和朋友，就更會遭遇這種情形了。

因此，不要忘記你周圍的人都渴望得到別人的欣賞和讚揚。欣賞和讚揚是所有人都歡迎的東西。那麼，如何才能把握好生活中的這些奇妙的讚美機會呢？

當然，你越是經常對夥伴的成功進行思考，就越容易爲他們列出一張「成就清單」，並從中找到合適的稱讚機會。當然，你要注意讚賞不可言過其實，更不必刻板地一天數次在固定的時間恭維你的夥伴。

千萬不要爲了稱讚你的夥伴而等待百年難遇的大好機會，或等其創造出驚天動地的宏圖偉業之後加以稱讚，因爲這種情況極爲罕見。你應利用日常交往中出現的那些不可勝數的機會來稱讚他人。絕不可因爲事情太小不值得一提，就不給予他人衷心的讚美。在日常生活中，隻言片語的稱讚與長篇大論的頌詞一樣具有重要的意義。

這裡還有一個重要的訣竅：你可以稱讚對方那些圓滿完成了的「普通」任務或日常工作。人們通常只讚賞那些取得了突出成就的人，讚美時總使用「出類拔萃」或「獨一無二」等詞語。而普通任務的圓滿完成常被視爲理所應當的事情，因而很少被人重視。

事實上，日復一日地出色完成看似簡單的日常工作，也是件很不容易的事。要完成這件事，需要細心、耐心和持之以恆的精神，而且，這些看似簡單的工作最終能否成功，通常會受到許多因素的左右和影響。

一般來說，非凡的成績可以通過一次「特別行動」獲得，爲了取得這一結果，需動用全部人力、物力資源。而圓滿完成日常的普通工作，則需要人們兢兢業業、堅持不懈。還要提一下的是，日常工作常常是在條件不夠完善的情況下完成的。也許一次非凡成績所產生的轟動效應就足以給他人留下良好的印象，而普通工作的圓滿完成雖很平常，卻更講究點滴的積累，於細微處見功夫。

所以，你應該稱讚他人在日常工作與合作中表現出來的優點。比如，你可以稱讚他誠實可靠、辦事幹練高效、樂於助人等優點。你可以告訴他，你欣賞他如約赴會的誠信品質，或提供資訊準確、可靠的認真精神。

對他人而言，這種讚賞完全出乎他的意料。他會由此認識到你的細心和非比尋常的評價能力。他發現，你恰恰是看到了別人看不到的細節，發掘了他獨特的閃光點。比起偶爾被誇張地捧上天，經常爲些小事而得到稱讚更能讓人感動。

所以，無論在事業上還是在生活中，你都要經常地發掘一些看似平淡無奇的小事來稱讚他人。這樣的稱讚更自然可信，更能真正打動人。

然而，在現實生活中，卻有相當多的人不習慣讚美別人。由於不善於讚美別人或得不到他人的讚美，我們的生活往往缺乏許多令人愉快的體驗。

有一天，羅斯福進白宮去見塔夫特總統，不巧塔夫特總統和夫人出去了。羅斯福是真誠地喜歡那些佣人的，對白宮裡所有的佣人，甚至做雜務的女僕，羅斯福都能叫出他們的名字並問好。

羅斯福看到廚房裡的女佣人愛麗絲的時候，問她是不是還在做玉蜀黍的麵包。愛麗絲告訴他，有時候做那種麵包，那是給佣人們吃的，許多人都不吃了。

羅斯福聽了大聲說：「那是他們沒口福，我見到總統時，把這件事告訴他。」

愛麗絲拿了一塊玉蜀黍麵包給羅斯福，他邊吃邊走向辦公室，遇到園丁、工友時，還會跟他們每一個人都打招呼。

羅斯福和他們每一個人都親切地招呼談話，就像他做總統時一樣。有個老佣人眼裡含著淚水說：「這是我這幾年來最快樂的一天，就是有人拿了一百元錢來，我也不會換的。」

人人都愛聽讚美之辭，但讚美也要講究很多的智慧，要注意讚美的效果和結果。下面就是生活中讚美別人時要注意的基本原則，它們能夠幫你避免在讚美別人的時候出現錯誤。

● **讚美前注意觀察對方**。注意觀察對方的狀態，是很重要的一個步驟。如果對方恰逢情緒特別低落，或者有其他不順心的事情，過分的讚美往往會讓對方覺得不真實，所以一定要注重對方的感受。

● **讚美要因人而異**。人的素質有高低之分，年齡有長幼之別，因人而異、突出個性、有特點的讚美，比一般化的讚美更能收到良好的效果。

● **讚美前要做好準備**。如果你想讚美某個人的話，在讚美之前一定要做好準備。你只有做好了準備，讚美之辭才能恰到好處地發揮應有的作用，幫你贏得良好的人緣。

● **讚美要合乎時宜**。要使讚美產生良好的效果就要相機行事、適可而止，真正做到「美酒飲到微醉後，好花看到半開時」。當別人計畫做一件有意義的事時，開頭的讚揚能激勵他下決心做出成績，中間的讚揚有益於他再接再厲地做下去，結尾的讚揚則可以肯定成績，指出他進一步努力的方向，從而達到「讚揚一個，激勵一批」的效果。

● **讚美要情真意切**。雖然人們都喜歡聽讚美的話，但並非任何讚美都能使對方高興。能引起對方好感的只能是那些基於事實、發自內心的讚美。相反，你若無根無據、虛情假意地讚美別人，不僅會讓對方感到莫名其妙，更會讓他覺得你油嘴滑舌、詭詐虛僞。例如，當你見到一位其貌不揚的小姐時，卻偏要對她說：「你真是美極了。」對方很可能就會認定你所說的是違心之言。但如果你著眼於她的服飾、談吐、舉止，發現她這些方面的出眾之處並真誠地讚美，那麼她往往會高興地接受。真誠的讚美不但會使被讚美者產生心理上的愉悅，還可以使你經常發現別人的優點，從而使自己對人生持有樂觀、欣賞的態度。

激發別人的強烈需求

無論是在商界、家庭、學校中，還是在政治領域，我認為最好的建議，就是首先把握對方最迫切的需求。如果能做到這一點，就可以如魚得水，否則就辦不成任何事情。

——戴爾．卡內基

卡內基特別喜歡寫東西，並一直保持著這種愛好，但是那時還只局限於描述他自己的內心世界。他通過寫來分析自己的煩惱，用自己的追問和回答解除心頭的憂鬱。然而，萌發寫作的念頭卻源於他與一位顧客的相逢。

有一天，卡內基碰上了一位頭髮斑白的老者。他那頭黃髮有些竟然變白了，這點引起了他的好奇心。老者想買車，卡內基又背書似的背誦那套「車經」，可老人家並不怎麼感興趣，他說：「無所謂的，我還走得動，開車只不過是嘗一嘗新鮮，因為我年輕時曾夢想著成為汽車設計師，那時還沒有汽車呢。密斯特爾斯和威廉•派克爾德和我一樣在念中學……」

老者的話題，更加吸引了卡內基。他詳細地和老者探討著一些公司創始人、汽車設計者的成功經歷。漸漸地，話題又轉到了卡內基的生活方面。在這樣一位陌生的老者面前，卡內基講出了自己的成長經歷、漂泊不定的生活和前些時間裡的憂鬱。

「那天凌晨，對著一盞孤燈，我才敢最終對自己說，我在做什麼？我的夢想是什麼？如果我想要成為作家，那為什麼不從事寫作呢？尊敬的老先生，您認為我的看法對嗎？」

「好孩子，非常棒！」老者的臉上露出輕鬆的笑容，繼而又一臉平靜地說：「你為什麼要為一個你不關心，又不能付你高薪的公司賣命呢？你是不是想賺大錢？寫作在今天也是門好行當呀！」

老先生一口氣舉出了好幾位有名作家，比如傑克・倫敦、富蘭克・挪瑞斯及亨利・詹姆斯等，還算出了一九〇一年至一九一〇年間的暢銷書來，其中特別強調了幾本銷售量可觀的書，比如傑克・倫敦的《野性的呼喚》、約翰・霍克斯的《寂寞松樹的故事》、威金夫人的《陽光溪農場的瑞貝爾》等。

「不，老紳士，我對賺大錢不感興趣，放棄工作是不可能的，除非我有別的事可做，但是我能做什麼呢？有哪種天賦的能力能讓我可以滿意地賺錢和生活？」卡內基連連否認自己賺大錢的幻夢。

但接下來老先生的談話卻使他受益匪淺。老先生說道：「你的職業應該是能使

你感興趣，並發揮才能的。既然寫作很適合你，為什麼不試一試？」卡內基恍然大悟。在大學時代，他就有寫作的夢想，而且一想到寫作就有一種衝動，那極強的表現欲促使他要寫，不停地寫。寫那些鄉鎮上人們在工作後的閒談，如一些幽默的笑話、傳奇的英雄故事；寫自己在農場裡耕地和照料牲口的艱難；描繪出烈日和暴雨下辛勤勞作的農民形象；還要寫出具有勇氣和信仰的勇敢的男人和女人們，講述他們為了建設美好家園而與所有的困難搏鬥的故事……

卡內基的胸中一直奔湧著要創作的激情。這種激情一直藏在他的內心深處，直到此時才被老先生的幾句話給激發出來了。卡內基認爲，當作家有助於自己擺脫困境，即擺脫內心的憂鬱和恐懼，把心頭的萬千話語寫出來，能平衡自己的內心世界。更何況，他想講述西部密蘇里州農場的艱苦生活，抓住生活的真實感受，描繪像他一樣的農民的堅強個性以及玉米田地的氣息，還有那些發生在玉米田地裡的故事。

卡內基說過：「世界上能夠影響他人的唯一方法，就是談論他的需要，並告訴他如何去獲得、滿足他的這種需要。」

不錯，只有懂得激發別人的強烈需求，才能使他們充滿動力。就像當事情成爲我們努力爭取的目標時，才會引起我們的興趣，激發我們的鬥志，使我們爲之奮鬥一樣。因此，在生活中，我們要清楚他人的需求，並且激發他人的需求。

愛能化解仇恨與憤怒

愛是一種最適當的食糧，我們的精神靠著它生存和成長。

——戴爾・卡內基

一個心中擁有愛的人，幸福總會伴隨他，因爲愛與幸福是不可分割的。暖意融融的歡快幸福之中總有愛的精靈。愛是無價的，因爲有愛，痛苦會化爲幸福，傷心的淚水也會化爲甘泉。

愛、希望和耐心是幸福之源。愛能換來愛，愛能讓希望插上翅膀，使內心永遠充滿活力。愛即仁慈、寬厚；愛即坦率、真誠。很多美好的東西都源於愛。愛是光明的使者，是幸福的引路人。愛是「照耀茫茫草原的一輪紅日，是百花叢中的絢麗陽光」。無數歡快的念頭都從愛的呼喚中款款而來。而仇恨呢？仇恨也是相互的。你記仇，我記恨，仇恨會使我們變得狹隘偏激，使我們的心靈受到毒害。仇恨是魔鬼，是毒蛇，很多悲劇都是仇恨造成的。它是來自地獄的聲音，是撒旦的獰笑，是黑暗的使者。它是壓在我們肩背、心頭的石塊，如果你不立即將其移開，它會在你的身上不停地增加，從而使你負重難行，直至被壓垮。仇恨是可惡的，仇恨是要不得的，一個常常心懷仇恨的人，幸福與成功將離他越來越遠……

那麼，忘卻仇恨吧！要想快樂，要想成功，我們必須學會忘記仇恨。

忘記仇恨就會擁有快樂。人人都有痛苦，都有傷疤，動輒就去揭，便會添新創。學會忘卻，生活才有陽光，才有歡樂。如果無法忘卻，人就不會有真正的快樂，而只會淹沒在對過去的懊悔、痛苦和對未來的恐懼、憂慮與煩惱之中，人的心靈也會被所造成的坎坷不斷咬噬著，永遠沒有喘息的機會；如果沒有忘卻，人們可能會因爲人與人之間都會有的摩擦而終生沒有朋友、沒有伴侶；如果沒有忘卻，我們只會在沒有多少記憶也不需要忘卻的嬰兒身上看到最天真的歡愉，卻不會看見任何一張洋溢著幸福的臉。

很久以前，有一位年老的國王，他決定不久後就將王位傳給三個兒子中的一個。一天，國王把三個兒子叫到跟前說：「我老了，決定把王位傳給你們三兄弟中的一個，但你們三個都要到外面遊歷一年。一年後回來告訴我，你們在這一年內所做過的最高尚的事情。只有那個真正做過高尚事情的人，才能繼承我的王位。」

一年後，三個兒子回到了國王跟前，告訴國王自己這一年來在外面的收穫。

大兒子先說：「我在遊歷期間，曾經遇到一個陌生人，他十分信任我，托我把他的一大袋金幣交給他住在另一個鎮上的兒子。當我遊歷到那個鎮上時，我把金幣原封不動地交給了他的兒子。」

國王說：「你做得對，但誠實是你做人應有的品德，不能稱上是高尚的事。」

二兒子接著說：「我旅行到一個村莊，剛好碰上一夥強盜打劫，我衝上去幫村民們趕走了強盜，保護了他們的財產。」

國王說：「你做得很好，但救人是你的責任，還稱不上是高尚的事。」

三兒子遲疑地說：「我有一個仇人，他千方百計地想陷害我，有好幾次，我差點就死在他的手上。在我的旅行中，有一個夜晚，我獨自騎馬走在懸崖邊，發現我的仇人正睡在一棵大樹下，我只要輕輕地一推，他就掉下懸崖摔死了。但我沒有這樣做，而是叫醒了他，告訴他睡在這裡很危險，並勸告他繼續趕路。後來，當我準備過一條河時，一隻老虎突然從旁邊的樹林裡躥出來，撲向我，正在我絕望時，我的仇人從後面趕過來，他一刀就結果了老虎的命。我問他為什麼要救我的命，他說『是你救我在先，你的仁愛化解了我的仇恨。』這……這實在是不算做了什麼大事。」

「不，孩子，能幫助自己的仇人，是一件高尚而神聖的事，」國王嚴肅地說，「來，孩子你做了一件高尚的事，從今天起，我就把王位傳給你。」

不要長久地仇視他人，要懂得用寬容的心，用愛去看待仇視自己的人，因爲愛能化解仇恨。這樣的人才是高尚的人，才是一個大度的人。

愛是春風，能化解仇恨。愛是春雨，能滋潤萬物。當我們用自己的博愛之心包容所有的仇恨與憤怒時，就會發現原來人生是如此的和諧、美好。

第二篇
如何做個受歡迎的人

【戴爾・卡內基智慧】

● 如果你想讓別人喜歡你，或者培養真正的友情，或是既幫助別人又幫助自己，那麼就要牢記：真誠地關心他人。

● 如果你關心別人，你在兩個月內所交到的朋友會比一個總想讓別人關心他的人在兩年之內交的朋友還要多。

● 如果你希望成為一個善於談話的人，就要做一個善於傾聽的人。要使別人對你感興趣，不妨問問別人喜歡回答的問題，鼓勵他們開口談他們自己以及他們所取得的成就。

● 在人類行為中，有一條至為重要的法則，如果我們遵守它，就會萬事如意，將會得到無數的朋友，獲得無窮無盡的快樂。這條法則就是：永遠尊重別人，使對方獲得自重感。

● 做個聽眾往往比做一個演講者更重要。專心聽他人講話，是我們給予他人的最大尊重、呵護和讚美。

- 助人，就是學會適時地幫助別人。在別人成功的同時，自己才能獲得更大的利益。學會助人，學會成功的秘訣。
- 告訴自己一些值得感恩的事情，你的心靈必能歡唱。
- 如果想讓別人對你產生興趣，必須注意的一點是：談論別人感興趣的話題。
- 關心他人與其他人際關係的原則都一樣，必須出自於真誠。不僅付出關心的人應該這樣，接受關心的人也理應如此。它是一條雙向道，當事人雙方都會受益。
- 認識別人，被別人認識，認識自己，用一顆真誠的心將三者統一。把別人當成自己，把自己當成別人，關鍵在於認識自己，弄懂了這個道理，你就會成為近乎完美的人。
- 我們理應謙遜，因為你我都算不了什麼，等到百年之後，你和我將完全被人遺忘。生命太短促了，實在不堪以自己渺小的成就去惹人厭煩。讓我們多鼓勵別人吧！

【卡內基智慧活學活用】

幫別人就是在幫自己

助人，就是學會適時地幫助別人。在別人成功的同時，自己才能獲得更大的利益。學會助人，學會成功的秘訣。

——戴爾・卡內基

幫助別人就是幫助我們自己。一個人在一生中，總會遇到各種各樣的麻煩和困難，有時靠自己的力量是不能解決的，這就需要別人的關心和說明。平時你注意關心和幫助別人，那麼，在你自己遇到困難時，就一定會得到別人的關心和幫助。在生活中，我們要永遠記住：幫助別人就等於在幫助我們自己。

有這樣一則寓言故事：

一個人死了，天國的導遊帶著那個人去參觀了天堂和地獄。那人看到地獄與天堂一模一樣，只是地獄的人比人間的人還要瘦小很多，面黃肌瘦，骨瘦如柴，而天堂的人卻個個紅光滿面，健壯如牛。

到他們的餐廳一看，也沒有發現不一樣的地方，都是一口大鍋，鍋內是美味佳餚，每人手裡使用的都是一米長的筷子。

後來他終於發現不同了，原來在地獄，用這麼長的筷子夾菜，人人都無法把美味佳餚送到自己的嘴裡，只好望著食物餓肚皮。而天堂的人卻不像地獄的人那麼自私，他們不用筷子往自己嘴裡送食物，而是往對方嘴裡送。於是你餵我，我餵你，大家都有飯吃！

從這則寓言故事中我們可以知道，幫助別人就是幫助自己！

曾幾何時，幫助別人成了「自找麻煩」的代名詞，我們總想從別人那裡獲取更多的東西，自己卻吝嗇哪怕一點點的付出，以致出現各人自掃門前雪，哪管別人瓦上霜的景象！因此，人與人之間的關懷越來越少，人與人之間的隔閡越來越深！面對別人求助的目光，我們不是冷漠以對，就是袖手旁觀。可是，我們應當明白，有時候，幫助別人也是幫助自己。

在一個漆黑的夜晚，沒有月亮，也沒有星星。小凡因為臨時有事要去找一個住在郊區的朋友，為趕時間，便抄近路走入一條偏僻的小巷。

沒想到這附近居然沒有路燈，四周一片漆黑，她心裡非常害怕，後悔自己不該走這條路，可是事已至此，只得硬著頭皮向前走。走著走著，突然，她發現前面有一團亮光，似乎是一個人提著一個燈籠在走。

小凡像看到了救星一樣，小跑著趕了過去，正想打聲招呼，卻發現他正拿著一根竹竿小心翼翼地探路，這分明是一個盲人嘛。

小凡心裡納悶，又不好意思問。

走了一會兒，到了一個岔路口，小凡提醒盲人到了岔路口，問他要朝哪個方向走。讓小凡高興的是，盲人和她竟然同路。

於是，他們就聊了起來，小凡終於忍不住問他：「您自己看不見，為什麼要提個燈籠趕路？」

盲人緩緩地說道：「這個問題不只你一個人問我了。其實道理很簡單，我提燈籠並不是為自己照路，而是為了讓別人容易看到我，不會誤撞到我，這樣就可以保護我自己的安全。而且，這麼多年來，由於我的燈籠為別人帶來光亮，為別人引路，人們也常常熱情地攙扶我，引領我走過一個又一個溝坎，使我免受許多危險。所以，每到晚上出門，我從不忘提著一個燈籠。這樣既方便了大家，也方便了我自己。」

小凡久久回味著盲人的話，感慨萬千，盲人提燈籠，好像很滑稽，但是他幫助了別人，同時也幫助了自己。

每一個事業有成的人，在成功的道路上，都曾經得到過別人的許多幫助。因此，我們應該把幫助別人作為回報的一種表現。同時，我們也應該相信，幫別人就是幫我們自己。

柏年在美國的律師事務所剛開業時，連一台影印機都買不起。移民潮一浪接一浪地湧進美國的豐田沃土時，他接了許多移民的案子，常常半夜被喚到移民局的拘留所領人。他開著一輛掉了漆的宏達車，在小鎮間奔波，兢兢業業地做職業律師。終於媳婦熬成了婆，電話線換成了四條，擴大了辦公室，又雇用了專職秘書、辦案人員，氣派地開起了「賓士」，處處受到禮遇。

然而，天有不測風雲，因一念之差他將資產投資股票，並幾乎虧盡。更不巧的是，歲末年初，移民法又再次修改，職業移民名額消減，頓時他的律師事務所門庭冷落。他想不到從輝煌到倒閉幾乎只在一夜之間。

這時，他收到了一封信，是一家公司總裁寫的：願意將公司百分之三十的股權轉讓給他，並聘他為公司和其他兩家公司的終身法人代理。他不敢相信自己的眼睛。

他找上門去，總裁是個四十開外的波蘭裔中年人。「還記得我嗎？」總裁問。

他搖了搖頭，總裁微微一笑，從碩大的辦公桌抽屜裡拿出一張皺巴巴的五元匯票，上面夾的名片上印著柏年律師的地址、電話。他實在想不起還有這樣一樁事情。

「十年前，」總裁開口了，「我在移民局排隊辦工卡，排到我時，移民局已經快關門了。當時，我不知道工卡的申請費用漲了五美元，移民局不收個人支票，我又沒有多餘的現金，如果我那天拿不到工卡，雇主就會另雇他人了。這時，是你從身後遞了五美元上來，我要你留下地址，好把錢還給你，你就給了我張名片。」

他也漸漸回憶起來了，但是仍將信將疑地問：「後來呢？」

「後來我就在這家公司工作，很快我就發明了兩個專利。我到公司上班後的第一天就想把這張匯票寄出，但是一直沒有。我單槍匹馬來到美國闖天下，經歷了許多冷遇和磨難。這五美元改變了我對人生的態度，所以，我不能隨隨便便就寄出這張匯票。」

試想一下，如果故事中的柏年不曾用五美元去助人，他怎麼可能會受到總裁那麼大的恩惠呢？儘管他起初不是有意的，但是「無心插柳柳成蔭」，這種無意的助人行爲，使自己在需要幫助時得到了幫助。

這就是我們常說的「幫別人就是幫自己」。熱心幫助別人，結果常常是雙方受益。不願給別人提供服務的人，別人也不願給他提供方便。

兩位釣魚高手一起到魚池垂釣。這兩個人各憑本事，一展身手，沒過多長時間，都大有收穫。忽然間，魚池附近來了十多名遊客。看到這兩位高手輕輕鬆鬆就把魚釣上來，不免感到幾分羨慕，於是都到附近買了一些漁竿來試試自己的運氣如何。沒想到，這些不善此道的遊客，怎麼釣也是毫無成果。

那兩位釣魚高手，個性相當不同。其中一人孤僻而不愛答理別人，單獨享受獨釣之樂；而另一位高手，卻是個熱心、豪放、愛交朋友的人。愛交朋友的這位高手，看到遊客們釣不到魚，就說：「這樣吧！我來教你們釣魚，如果你們學會了我傳授的訣竅，而釣到一大堆魚時，每十尾就分給我一尾，不滿十尾就不必給我。」雙方一拍即合，很快達成了協定。

教完這一群人，他又到另一群人中傳授釣魚術，依然要求每釣十尾魚回饋給他一尾。一天下來，這位熱心助人的釣魚高手，把所有時間都用於指導垂釣者，獲得的竟是滿滿一大簍魚，而且還認識了一大群新朋友並備受尊崇。

而另一位釣魚高手，卻沒有享受到這種他人的樂趣。當大家圍繞著其同伴學釣魚時，他更顯得孤單寂寞。釣了一整天，檢視魚簍裡的魚時，他發現自己的收穫也遠沒有同伴的多。

另外，有研究發現，當我們在寬恕、讚美、感謝或對別人做好事時，體內就會分泌出對身體有益的物質來。由此可見，雖然寬恕、讚美、感恩全都是針對別人，但卻是自己先受益。如此看來，愛自己最好的方法就是去愛別人。

因此，我們有必要在與人交往時加入一些互助的精神，因爲幫助別人的同時，就是在幫助自己。

要懂得感謝折磨你的人

告訴自己一些值得感恩的事情，你的心靈必能歡唱。

——戴爾·卡內基

我們要懂得感謝曾經折磨過我們的人，是他們給了我們前進的動力。針鋒相對，會走向狹隘；擁抱對手，才能擁有更廣闊的空間。對手倦怠，很多時候，我們變得慵懶；對手緊逼，我們努力飛翔；對手出色，我們出類拔萃。在競爭時代，理解「對手」的意義或許比什麼都重要。

任何人都無法讓自己的對手不存在，他們都渴望與對手公平、公正、公開地競爭。然而，這僅僅是他們自己的渴望，對手爲了取得競爭的勝利，則會努力拚搏，以獲取成功。許多成功的人常會感謝自己的對手，因爲他們比普通人更能接受客觀事實，懂得通過對手來鞭策自己。

一個人的成功過程，首先應該是一個征服的過程。征服了自己，征服了對手，征服了困難，才會獲得成功。世界不會按你的意願而改變，但它會因你的努力而改變。

擁抱對手，自己會擁有更廣闊的天空！但是永遠不要輕視自己的對手，你的對手就在那裡，你要超過他，就要比他付出更多的心血和努力。

紐約農業貿易銀行的總經理福瑞想在長島設立一個昆士郡銀行，他自以為一切都進展得很順利。但是，有一次，一個大銀行的行長會見他時，對他的這一設想講了一句輕蔑的話，這使福瑞的態度完全改變了。這個行長很自大，總擺出一副心高氣傲的樣子。臨走的時候，他很隨意地對福瑞扔下了這樣一句話：「如果你活的時間足夠長的話，或許可以在那個鬼地方辦起一個銀行來。」

這句話深深地刺痛了福瑞。他覺得自己不得不努力幹點事。福瑞當時就下定決心要打敗對手，結果他真的辦到了。四年後，福瑞銀行的存款比那位行長的多一倍。

福瑞並沒有去壓制自己心中的憤怒，但他也沒有讓這種憤怒氾濫成低級的報復，而是將憤怒轉化爲自己奮鬥的動力，從而使自己的成就遠遠超過曾經侮辱過他的人。

在這個世界上，沒有一個人能得到所有人的肯定和讚揚。被你稱爲敵人的人總在背後批評你，甚至公然地對你進行蔑視、指責、詆毀和攻擊。

如果有人問你，是什麼發動了勞斯萊斯？你肯定會說：「那還用說，它的動力當然是發動機了。」不過下面，要告訴你另外一種答案。

十七歲時，才讀到初三的他因為家境不好，就輟學進入了社會。他做過商行侍

役、送貨小弟、電子廠童工、酒店服務員、郵差、照相器材售貨員等，歷盡生活的艱辛。那次，他在香港美麗華酒店當BOY，就因為一次給客人送行李後拿了一元港幣的小費沒上繳給領班，就被領班冷酷地炒了魷魚。

有一次，一位富人把一輛超豪華的勞斯萊斯轎車停在酒店門口後，吩咐他洗車。他邊洗邊羨慕地摸著這輛異常漂亮的車子。洗乾淨後的車更是耀眼奪目，看著車內那真皮套套著的黑色方向盤，喜歡汽車的他猶豫了好久後，終於忍不住想打開車門進去坐坐，過一下「乾癮」。

然而他剛把車門拉開，人還沒進去，就聽見領班炸雷一般的對他吼道：「幹什麼？」等他縮回身子時，只見領班怒目而視，輕蔑地對他喊道：「把車門關上，把你的髒手拿開，你這種人一輩子也坐不起勞斯萊斯！」瞬間，他就好像在寒冬裡被人潑了一盆冷水，渾身冰冷，義憤填膺。「早晚有一天我要混出個樣來，早晚有一天我要自己買一輛勞斯萊斯！」倔強的少年在心中暗暗地發下了誓願。

被酒店炒魷魚之後，他做過郵局的搬運工，因為體力不支，又被炒了，如此反覆，炒魷魚竟變成家常便飯。在從某酒店商場內的一間攝影器材公司被炒魷魚後，他報名參加了無線藝員訓練班，發奮提高演技，要幹出一番事業來。後來，他在出演電視劇《上海灘》後開始成名，許多年以後，成為香港電影頭號明星的他，竟一口氣買了五輛名牌汽車，其中一輛就是超豪華的勞斯萊斯轎車。

他用這輛勞斯萊斯把母親從鄉下接到香港來四處兜風，當他把車開到當年做服務生的那家酒店門前時，已經從領班降為雜役的那個「領班」目瞪口呆。他沒有想到，自己當年的一句話竟然那麼深地刺激了一顆年輕單純的心，更沒有想到，當年被自己嘲諷的少年如今竟然已從香港紅到了好萊塢。

這位少年就是曾經演過電視劇《上海灘》裡的許文強、電影《英雄本色》裡的小馬哥和賭神的周潤發。

功成名就的周潤發並沒有從此驕奢淫逸得一發不可收拾，他只是覺得別人有的自己也有過，再也沒有自卑感了，因此他後來把那五輛車全賣了，出門寧願坐巴士，崇尚簡單的生活。

領班當年的蔑視和欺壓，給了周潤發奮發向上的動力，他終於真正擁有了屬於自己的勞斯萊斯。所以，在周潤發看來，勞斯萊斯的動力不是發動機，而是別人的蔑視和刺激。

別人的輕視可以讓周潤發成爲一個國際巨星，而平凡的你我，又有什麼理由不笑對人生，努力奮鬥呢？

人的自尊心通常是十分強烈的，自尊心受到傷害，人們往往會發憤圖強，而自尊心產生的動力也往往是難以估量的。因此，對手在傷害你、激怒你的同時，也會在某種程度上鞭策你進步。正確地對待這種傷害，也許會使你更快地走向成功。

懂得迎合他人的興趣

如果你想讓別人對你產生興趣，你必須注意的一點是：談論別人感興趣的話題。

——戴爾・卡內基

你看見你的同事左右逢源，特別招人喜歡時，你是不是很羨慕啊？你是不是也想受到大家的歡迎呢？要想得到別人的歡迎，首先要讚美他人的愛好，迎合他人的興趣，與對方談論他所感興趣的問題，這樣你就能成爲一個受歡迎的人，成爲一個討人喜歡的人。

下面的內容講述了卡內基在青年會試講前的一段日子的情況。

轉眼間就到了試講那天。卡內基在黃昏時分就來到了青年會的教室裡，望著一排一排的座位，他心裡有著一種說不清道不明的衝動。就在他坐在講桌後的座位上啃著自帶的晚餐——黑麵包的一瞬間，他改變了自己準備了很久的授課計畫和內容。

原先，卡內基準備給學生們講授一些有關商業化社會裡的社會狀況、人群狀態的知識，介紹一些社會學、心理學的知識，講一講某些人對於人生和社會所作的論斷。但是，他一下子改變了。或許正是這一改變，才使得卡內基成功地抓住了發揮演講才能的最佳時機。

人們對這位試講老師的興趣非常濃厚，大廳裡的每一個座位和每一個角落都坐滿了人，教室後面還擠滿了一些站立著的人們。大家都想來聽一聽這位經歷豐富的年輕老師會怎樣告訴他們一些特殊知識，以幫助他們超越其他人。

卡內基在明亮的教室裡一聲不響地坐著，直到六點半時才站起來。他向眾人鞠了一躬，掃視了一下全體學生，才開口說話。

他以詹姆斯・懷特坎姆・董利的《徜徉在六月裡》這首詩作為開場白：

大約是草莓成熟的季節
某人午後，
總愛偷偷小憩片刻，
什麼也不做。
我寧可待在果園裡，
無拘無束！
頭頂一片天，腳踏一方土，
有清新的空氣供我呼吸，

有如茵的草地供我躺臥，
就好像有客來訪時，
母親在閣樓上佈置的，
又軟又厚的床！

當卡內基朗誦完這首詩後，熱烈的掌聲響了起來！這些都市的平民沉浸在詩的意境中，幻想著鄉間生活的優美寧靜。卡內基一下子就吸引住了學生們，人們聽課的興趣被想像中的美麗景象所喚起。

「女士們，先生們，我給你們念這首詩，目的在於向你們講述一個故事。」卡內基揮了揮手，讓大家靜下來，又繼續說道，「我要給你們講一個關於我的故事！」聽眾們不禁一怔，胃口被吊起來了，卻又滿腹狐疑。接著，卡內基不停地講述著自己的成長經歷，言辭親切又富有啟發性和思辨性，他講出了自己的困苦和憂慮，談到了那些不眠的夜晚，以及各種挫折和打擊，還有自己不屈的奮鬥。最後，他飽含深情地說道：

「我在農場裡看到過這樣的事情：我種了幾十棵樹，最初它們長得非常快，然而一陣風雪過後，每一根細小的樹枝上都掛滿了重重的冰。這些樹枝並沒有因重壓而彎曲，相反，都是很驕傲地反抗著、支撐著，終於在沉重的壓力下折斷了，最後不得不被毀掉。這是悲劇啊！有時，我發現自己就像一棵小樹，不同的是我深知在抗拒不可避免的事實和開創新生活之間，我只能選擇其中的一個！」

「你們呢？你們可以在生活中，在那些無可避免的暴風雨之中彎下身子，或者因為抗拒它們而被摧折。如果每一個人在多難的人生旅途上能夠承受所有的挫折和顛簸的話，就能夠活得更長久，能享受更順利的旅程。

「如果我們不吸取教訓，而去迴避生命中遇到的挫折的話，我們會碰到什麼樣的事情呢？答案非常簡單，我們就會在心中產生一連串的矛盾，並感到憂慮、緊張、急躁。如果我們再進一步發展，拋棄現實世界並退縮到一個我們自己編織的夢幻世界中時，那麼我們的精神就會出現問題。這並不是危言聳聽，因為事情將會這樣發生，想一想你們的生活經歷，難道不曾如此嗎？」

教室裡嚴肅的氣氛被卡內基的這番話緩和了，學生們充滿希望和生機的快活神情讓卡內基感到欣慰。他打開了自己的內心世界，也打開了聽眾的內心世界，讓每一個人都覺得自己的心事被說中了，多年的困惑解開了，從此可以正確地面對自己的生活了。

掌聲像潮水一樣淹沒了卡內基。他的試講相當成功，長達兩個半小時的演說結束之後，人們都不想離開。有一些人優雅地走過來，和卡內基握手、擁抱和問候，周圍讚揚聲四起！卡內基更是滿面春風地對待一個又一個前來祝賀的人。

卡內基做到了，他的試講贏得了全教室人的掌聲。讓我們來看看卡內基先生是如何成功的吧。卡內基在臨上課前改變了原來的教學計畫，而以一首優美的田園詩歌開頭。爲什麼以這首詩歌開頭呢？因爲他注意到了他的聽眾都是貧民，這首詩歌描述的生活是他們所嚮往的。這就引起了大家的興趣。正所謂「萬事開頭難」。卡內基成功地爲演講開了個好頭，就等於成功了一大半。

學會真誠地關心他人

關心他人與其他人際關係的原則一樣，必須出於真誠。不僅付出關心的人應該這樣，接受關心的人也理應如此。它是一條雙向道，當事人雙方都會受益。

——戴爾・卡內基

卡內基認爲，多爲別人著想，不僅能使你不再爲自己憂慮，也能使你結交很多的朋友，並得到很多的樂趣。

你曾經招呼過聖誕夜裡看到的一兩個孤兒嗎？你會對幫助別人有興趣嗎？你會不會一直思考這樣做對自己有什麼好處呢？

卡內基回答說，不管你的處境多麼平凡，你每天都會碰到一些人，你對他們怎樣呢？你是否只是望一望他們？你會試著去瞭解他們的生活嗎？比方說一位郵差，他每年要走許多路，把信送到你的門口，可是你有沒有費心地去問問他住在哪裡？或者看一看他太太和他孩子的照片呢？你有沒有問過他的腳會不會痠？他的工作會不會讓他覺得很煩呢？或者是雜貨店裡送貨的孩子，賣報的人，在街角上爲你擦鞋的那個人。這些人都是人，有他們的煩惱、他們的夢想，他們也渴望有機會跟其他的人來共用，可是你有沒有給他們這種機會呢？你有沒有對他們的生

活流露出一分興趣呢？如果沒有，你可以從明天早上開始，關心你所碰到的那些人。

一個人可以拒絕別人的領導，拒絕別人的禮物，卻無法拒絕別人對自己發自內心的關心。生活中，幾乎每個人都希望被關心，但卻往往不肯先去關心別人，也正因爲這樣，這些人總是不能使自己成爲一個受歡迎的人。

人際關係中有這樣一項重要的黃金法則：當你去付出愛的時候，你得到的也是愛。當你付出的是怨恨的時候，你所得到的也是怨恨。

瑪姬是一個很受歡迎的女人，她經常受到大家的讚揚，朋友們都說她像陽光一樣溫暖。她之所以會得到大家的喜歡，是因為她曾有過這樣一段經歷：

一天，瑪姬接到了一個不幸的消息，她的哥哥、嫂子及他們的孩子都在一次車禍中喪生了。她的母親在電話中悲哀地請求道：「快來吧。」

當時的她簡直被這一打擊弄蒙了，神志恍惚地在屋裡來回走著，雖然知道要做很多事情，如買機票、整理全家人的行李、托人照看房子等，但此刻她卻不知道該做點什麼。她的朋友們知道這個消息後，都紛紛打來電話，幾乎每個人都說道：「如果要我幫忙的話，請告訴我一聲。」但她卻始終不知該怎麼辦。

這時只有一個朋友來到她家，並且對她說：「我是來幫你們刷鞋子的。」這位朋友解釋道：「記得我父親去世時，我花了不少時間來刷洗孩子們要去參加葬禮的鞋。」之後，她的朋友不僅把孩子們的鞋拿到一邊，連同瑪姬與她丈夫的鞋也都拿了出去，就默默地刷洗起來。這件事使瑪姬萬分感動，當她看到這一幕時頓感身上有了力量，也開始有次序地、一件件地做那些很急迫的事情。

之後，每當朋友需要幫助時，瑪姬不會打一個電話說「如果要我幫忙的話，請告訴我一聲」之類的話，而是盡自己全部的力量去做一些對他們有所幫助的事情。瑪姬對人與人之間的真誠關心有深刻的認識，那就是說再多的話不如做一件實事，要得到真正的友誼就要付出你熱情的幫助和你的愛。當你付出愛的時候，你也會得到愛。真誠地關心他人不僅能讓別人喜歡你，還是我們與人相處時應該崇尚的美德。

想讓別人喜歡你，或是改變你的人際關係，真誠地關心他人是最好的辦法。那麼，就讓我們看看耶魯大學的一位教授的做法吧！

「每次我到旅館、理髮店或者商店的時候，總會說一些讓每一個我所碰到的人高興的話，也就是把他們當成一個人，而不是一部大機器裡面的一個小零件。有時候我會恭維一個在店裡招呼我的小姐，說她的眼睛很漂亮，或者說她的頭髮很美。我會問一位理髮師，這樣整天站著，會不會覺得累？怎麼幹上理髮這一行的？在這一行幹了多久？我發現，你對別人感興趣，往往能使他們非常高興。我常常和那個幫我搬行

李的服務員握手，使他覺得很開心，整天都能打起精神工作。」

真誠地關心他人會帶給你更大的快樂，更多的滿足。有人稱這種態度為「有益於人的自私」。還有人曾說：「為別人做好事不是一種責任，而是一種快樂，因為這能增加你自己的健康和快樂。」

生活中，我們常常會感激那些曾幫助過我們或爲我們做過一些事情的人，雖然並不是什麼大事，但迴盪在心中的那種感動與感激，是其他任何東西都無法換來的。任何一個關心他人的人，必定會受到別人的喜歡。只有我們表達出自己真誠的關心，別人才有可能反過來關心我們。所以，如果你想具有一種能使人愉快的性格，想在人與人之間的交往中得心應手，如果你希望別人喜歡你，你就必須表達出你真誠的關心。

生活中，每個人都有自己的痛苦。如果我們學會真誠地關心別人，那我們在人際交往中就不會被孤立，不會被排斥，而且我們還能從中得到很多珍貴的東西。因此，如果我們想要別人喜歡自己，或是想改善自己的人際關係，那麼就要牢記：真誠地關心別人。

能夠把自己當成別人

認識別人，被別人認識，認識自己，用一顆真誠的心將三者統一。把別人當成自己，把自己當成別人，關鍵在於認識自己，弄懂了這個道理，你就會成為近乎完美的人。

——戴爾·卡內基

富蘭克林說：「在你關懷別人，幫助別人的同時，也就等於在幫助自己，為自己謀取快樂。」

作家克雷爾是奧克拉荷馬城大學一位教授的妻子，她向我們談到她婚後的幸福生活，她說：「在我們結婚兩年後，住在我們對面的鄰居家有一對身體不好的老夫婦。妻子雙目失明且下肢癱瘓，整日坐在輪椅上，而她的丈夫身體也並不是很好，每天在家中照料體弱多病的妻子，日子過得了無生趣。」

克雷爾和丈夫將老人的生活狀況看在眼中，他們決定讓兩位老人的生活有所改變，讓他們更快樂些。於是，在耶誕節前夕，她和丈夫商量後，決定為這對夫婦送去

一棵裝飾得很漂亮的聖誕樹。他們挑選了一棵精緻的聖誕樹，將它拿回家精心地裝飾一番，並買了一些禮物，在耶誕節的前夜送到了鄰居夫婦家中。

兩位老人收到克雷爾夫婦送來的精緻禮物後，感動得哭了起來。多年來，由於身體的緣故，他們已經好久沒有欣賞過聖誕樹了，他們很少能夠這麼快樂。

從那以後，克雷爾夫婦每次拜訪時，他們都會提到那棵珍貴的聖誕樹，儘管他們只是做了一件很小的事，但從中獲得的快樂，卻是讓人難以忘懷的。由於能夠把自己當成別人，真誠地關心別人，他們獲得了一種快樂與幸福，這種快樂是一種十分深厚而溫暖的感情，這種幸福將一直留在他們的記憶中。

爲人處世是一門深奧的學問，沒有誰能手把手地教你。這條路必須要我們自己選擇、自己走，每個人的思想與性格都不一樣，所選擇的行走方式及路線也是各不相同的。

生活中我們要想贏得友誼獲得幸福，將心比心，多爲別人考慮是行之有效的處世方法。在生活中，如果我們不斷地完善自己的人格，能夠把自己當成別人，將心比心爲別人考慮，那麼我們不僅可以將自己從煩惱中解脫出來，還可以使自己廣結朋友，得到更多的快樂和幸福。

那麼到底怎樣把自己當成別人呢？我們總是很自然地對於涉及自己的事情斤斤計較，把自己的事情看得比什麼都重要，但很多時候卻往往事與願違。其實，我們可以用平常心來處理事情，把自己當成別人，公平公正地對待自己和別人，以得到公平公正的結果。這樣我們自己心裡會覺得坦蕩，別人也會覺得公平，最終大家都很開心。中國有句古話叫做「己所不欲，勿施於人」，說的就是把自己當成別人的道理。我們在對待他人的時候，首先要考慮到如果換作我們自己會有怎樣的感受，只有我們自己可以坦然愉快地接受的事情，別人才可能接受。

有這樣一則故事：

一個人要上一輛已經客滿的班車。他敲著門說：「我都敲這麼久了，裡面的人有點人道，讓我上去好不好？」於是司機把門打開，這個人如願以償地上了車。當車駛進下一站的時候，同樣有人在外面敲門想乘這輛車。剛才那個人就說：「裡面都這麼擠了，外面的人有點人道，不要上來了好不好？」旁人憤然。

這則故事以旁人憤然爲結尾，對這個以自我爲中心的人進行了鞭撻。把自己當成別人，就要具有正直的品質和光明磊落的心胸。人都是自私的，沒有誰願意自找苦吃。但有些時候，確實需要捫心自問，嚴重點說就是嚴厲地叩問自己的靈魂，問問自己是否能夠把自己當成別人，真心誠意地關心別人，讓別人變得快樂起來，這是做一個正直優秀的人所必須具備的品質。

一位十六歲的少年去拜訪一位年長的智者。

少年問：「我如何才能變成一個自己快樂也能夠給別人快樂的人呢？」

智者笑著望著他說：「孩子，在你這個年齡有這樣的願望，已經是很難得的了。一些比你年長很多的人都不能悟到為人著想的道理呢！」

少年滿懷虔誠地聽著，臉上沒有流露出絲毫得意之色。

智者接著說：「送你一句話，把自己當成別人。你能說說這句話的含義嗎？」

少年回答說：「是不是說，當感到痛苦憂傷時，把自己當成別人，這樣痛苦就減輕了；當我欣喜若狂時，把自己當成別人，那樣自己的心態也會變得平和一些？」

智者點頭，少年沉默了很久，然後叩首告別。後來少年變成了壯年人，又變成了老人。再後來，在他離開這個世界很久以後，人們都還時時提到他的名字。人們都說他是一位智者，因為他是一個快樂的人，而且也給每一個見過他的人帶來了快樂。

只有把自己當成別人，才能真正體會到別人處境的艱難，理解別人的需求。當真的做到把自己當成別人時，就會發現得到的遠比付出的多得多：友誼，信賴，甚至感激。這是比物質上的獲得更爲珍貴、更爲美妙的回報，它讓我們更明確地展現自己的價值，而這價值就在於別人的快樂因「我」而生。做一個快樂的人也許並不難，難的是讓別人也同樣地快樂起來，我們應把自己當成別人，讓快樂無限複製，讓生活充滿溫馨和幸福！

要虛心地向他人學習

我們理應謙遜，因為你我都算不了什麼，百年後，你我將完全被人遺忘。生命太短促了，實在不堪以自己渺小的成就去惹人厭煩。讓我們多鼓勵別人吧！

——戴爾·卡內基

常言道：「三人行，必有我師焉。」古往今來，那些成功人士之所以會成功，一定是有方法的，而我們就應該找出其中的方法，向他們學習，這樣就可以縮短我們摸索的時間，少走許多彎路。若條件允許，最好能當面請教那些成功者，多與他們溝通，請他們指點迷津，這比起自己看書更有效。所以虛心地向他人學習，有助於我們獲取成功。

謙虛是人的一種修養，其內涵就是不管自己有多麼的成功能幹，都要善於認識自身的短處和別人的長處，並樂於以彼之長，補己之短。

在我國古代的傳統美德故事中，有許多這樣的典範之例：周公言傳身教論謙虛；孔子「三人行，必有我師焉」、晏嬰謙恭等，這一段段生動而形象的故事所揭示的都是謙虛處世的真諦。「泰山不讓土壤，故能成其大；河流不擇細流，故能就其深。」時刻保持謙虛的態度，把姿態放低點兒再低點兒，只有這樣，才能充實自己、走向成功。

有一位年輕的丹青愛好者不遠萬里來到法門寺，他沮喪地向住持釋圓和尚訴說：「我一心一意要學丹青，可至今沒有找到一個令人滿意的師傅，許多人都是徒有虛名，有的人的畫技還不如我。」

釋圓聽了微微一笑，要他現場畫一幅畫。年輕人問畫什麼，釋圓說：「老僧平素最大的嗜好就是品茗飲茶，施主就為我畫一把茶壺和一個茶杯吧。」

年輕人拿起畫筆畫起來，瞬間就畫出一把傾斜的茶壺正徐徐吐出一脈茶水來，源源不斷地注入到茶杯中，而且畫得栩栩如生。但釋圓看了看卻說他畫錯了，應該把杯子佈置在茶壺之上才是。

年輕人疑惑地說：「大師有沒有搞錯啊，哪有用杯子往茶壺裡注水的？」

釋圓哈哈大笑：「原來你懂得這個道理啊！你渴望自己的杯子裡能夠注入那些丹青高手的香茗，但如果你總是將自己的杯子放得比那些茶壺還要高，香茗怎麼能注入你的杯子裡？澗谷把自己放低，才能得到一脈流水，人只有把自己放低，才能吸取別人的智慧和經驗。」

年輕人聽後恍然大悟，從此虛心向別人請教學習，最後終成丹青名家。

謙虛是一個人良好教養的體現。所謂君子品行，謙謙之風。謙虛的人明白「金無足赤，人無完人」，能看到自身的不足，因此在為人處世時會保持低調，腳踏實地、盡心盡力地去做每一件事情。謙虛的人即便取得了成功也會不斷地告誡自己：天外有天，人外有人。所以他們會不斷地充實自己，在不斷的學習中提高自己。而驕傲的人常常會滿足於一時的成功，稍微取得一點成績就沾沾自喜，驕傲自滿起來。這樣一個不思進取、自命不凡的人，又怎能取得驕人的成就呢？

富蘭克林曾說：「缺少謙虛就是缺少見識。」一位德國古典文學家也說過：「我們的驕傲多半是基於我們的無知。」

高爾基曾說：人的知識越廣，人本身也越完美。因為有了豐富的知識，人便會謙虛起來。知識越是豐富，人就越是謙虛，人越是謙虛，就越會感到自己所擁有的知識有限。由此可見，豐富的學識是謙虛的基礎，而謙虛的態度則是不斷豐富知識的重要條件。因此，一個人是否有謙虛的態度，對他的成功與進步有很大的影響。

著名的京劇大師梅蘭芳是一個謙虛好學的人，他不僅在京劇藝術上取得了很高的成就，而且還是一位丹青高手。他拜名畫家齊白石為師，虛心求教，見面總會行弟子之禮，還經常親自為白石老人磨墨鋪紙，全不因為自己是位名演員而驕傲。下面就是流傳著一段關於他虛心求教和尊敬老師的佳話。

有一次，齊白石和梅蘭芳受邀同到一個人家裡做客，白石老人先到一步，他一

身布衣，非常樸素，而其他賓朋皆是社會名流或西裝革履或長袍馬褂，相比之下，齊白石顯得有些寒酸，且沒有幾個人去招呼他。

過了一會兒，梅蘭芳到了，主人賓客都高興相迎，蜂擁而上，搶著同他握手。梅蘭芳知道齊白石也來赴宴，便四下環顧，尋找老師。當他看到被冷落在一旁的白石老人時，連忙擠出人群，走到老人面前恭恭敬敬地叫了一聲「老師」，向他致意問安。在座的人見狀都很驚訝，齊白石也深受感動。幾天後，他特向梅蘭芳饋贈《雪中送炭圖》並題詩道：

記得前朝享太平，布衣尊貴動公卿。
如今淪落長安市，幸有梅郎識姓名。

梅蘭芳不僅拜畫家為師，他還很虛心地拜普通人為師。有一次在演出京劇《殺惜》時，他在眾多喝彩叫好聲中，聽到有個老年觀眾說「不好」。戲演完後，梅蘭芳來不及卸裝更衣就連忙把這位老人接到家中，恭恭敬敬地對老人說：「能指出我缺點的人，就是我的老師。先生說我演得不好，必有高見，學生懇請賜教。」

老人說：「閻惜姣上樓和下樓的臺步，按梨園規定，應是上七下八，博士為何八上八下？」

梅蘭芳恍然大悟，連連道謝。從那以後，梅蘭芳經常請這位老先生觀看他演戲，請他指正，並尊稱他為「老師」。

由此可見，謙虛是一種積極的心態，是前進路上的動力。如果一個人只看到自己的成績，整天陶醉在自足自滿的心態中，會失去前進的動力。而那些爲人謙遜、處世豁達、心胸寬闊者，在榮辱得失面前，就會去留無意，寵辱不驚。一個人有了這樣一種虛懷若谷的精神，有了這樣一種謙虛的心態，往往能鑄就人生的輝煌。

俗話說得好：「聽君一席話，勝讀十年書。」如果有機會，你不妨仔細觀察成功者的所作所爲，看看他們是怎樣合理地支配時間的，他們是怎樣對待學習的，他們是怎樣處理問題的，這些都是你獲得成功秘訣的捷徑。如果不能向成功者當面請教，則可以通過閱讀他們寫的書來向他們學習，因爲這些書就是他們思想和智慧的結晶。當然，我們首先要解放思想，清除固執和偏見，留出思想空間，虛心接納別人的觀點，並能結合自身的實際情況，制定好適合自己發展的路線。「一切真正的偉大的東西，都是淳樸而謙遜的。」世上有真才實學者，真正的偉人俊傑，通常都是虛懷若谷、謙虛謹慎的人。科學巨匠愛因斯坦說自己「真像小孩一樣的幼稚」，揚名於世的音樂大師貝多芬謙虛地說自己「只學會了幾個音符」。所以說，謙虛有百利而無一弊。「虛心使人進步，驕傲使人落後。」這是顛撲不破的真理。

第三篇

如何贏得別人的贊同

【戴爾・卡內基智慧】

● 在你與人爭論的時候，你或許是對的，甚至絕對正確，但你若想改變對方的想法，你可能會一無所得，正如你錯了一樣。

● 如果一開始就使一名學生或顧客、孩子、丈夫或妻子說「不」，那恐怕要有神仙般的智慧和耐心，才能使那種絕對否定變為肯定。

● 要記住，別人也許完全錯了，但他們卻不這麼想。不要指責別人，任何傻子都會那樣做；而是要儘量地瞭解別人，那才是明智大度、超凡不俗的人應該做的。

● 如果你爭強好勝，喜歡與人爭辯，以反駁他人為樂趣，或許能贏得一時的勝利，但這種勝利毫無意義和價值，因為你永遠得不到對方的好感。

● 太陽能比風更快地脱下你的大衣；仁厚、友善的方式比任何暴力更容易改變別人的心意。

- 當你與別人交談時，不要先討論你不同意的事，要先強調，而且不停地強調你所同意的事。懂得說話技巧的人，會在一開始就得到許多「是」的答覆。
- 別人的想法與做法必有他的緣由，試著找出背後的原因，這會給你一把瞭解他行為甚至個性的鑰匙。試著真誠地設身處地，站在他的立場看事情。
- 如果你想結下仇人，就要比你的朋友表現得更加出色；但如果你想結交朋友，就要讓你的朋友表現得比你更出色。
- 很多時候，你在與別人發生爭論時總是贏不了的。要是輸了，當然你就輸了；如果贏了，你還是輸了。
- 這是一個富有戲劇色彩的時代，僅僅敘述事實還遠遠不夠，必須使用更容易吸引人的方法，電影如此，廣播也是如此。所以，如果你想引起別人的注意，也必須這樣做。
- 每個人都有害怕的時候，但是勇敢者會將畏懼放置一邊。繼續勇往直前，結果或許會走向死亡，但更多的則是通向勝利。

用友善的方法折服人

太陽能比風更快地脫下你的大衣；仁厚、友善的方式比任何暴力更容易改變別人的心意。

——戴爾・卡內基

美國總統威爾遜曾說過：「如果你想握緊了拳頭來見我，我可以明白無誤地告訴你，我的拳頭比你握得更緊。但如果你想對我說：『我想和你坐下來談一談，如果我們的意見相左，我們可以共同找出問題的癥結所在。』這樣一來，我們會感到彼此的觀點是非常接近的，即使是針對那些不同的見解，只要我們帶著誠意耐心地討論，相信不難找出最佳的解決途徑。」

如果有這樣一個人，他心中對你有成見、厭惡感，即使你找出所有的理由，也不能讓他接受你的意見。如果你用強迫的手段，更不能使他接受你的意見，向你屈服，這時你不妨用溫和的言語、友善的舉動來對待他，這樣反而可以折服他。

有人曾說過這樣的話語，他說：「這是一句古老而真實的格言，『一滴蜂蜜，比一加侖的膽汁，可以捉到更多的蒼蠅』。我們對人也是如此，如果想要人們同意你的見解，先讓他相信你是他的忠實朋友，這就相當於用一滴蜂蜜黏住他的心，而你也就走向寬敞的大路了。」

對一位職場人而言，如果知道運用和善的態度來折服下屬，那麼，他將會是一個成功者。

凱麗在一家軟體公司擔任市場部主任，在她剛剛晉升的時候，經理喬治向辦公室所有的同事宣佈凱麗正式走馬上任，並指著一位女士對她說：「這是你的助理羅斯，如果你有什麼不清楚的問題，請她告訴你。」

經理喬治隨後便離開了辦公室。助理羅斯隨即怨聲說道：「很抱歉，我今天還有很多事情要做，沒有時間和你交談，有什麼問題以後再說吧！」於是在接下來的幾天裡，羅斯對凱麗橫眉冷眼，沒有和她說過一句話。不僅羅斯如此，其餘的三個同事對凱麗也是極不服氣。當凱麗認真地與他們洽談工作時，他們也是愛答不理的，並顯露出得意揚揚的神情，彷彿凱麗根本不是她們的上司，而是給她們打雜的下屬。

不明原委的凱麗在無可奈何之下，向其他部門的同事瞭解市場部成員的情況。原來，這幾位同事都已經為公司效勞了兩年以上，原本以為可以輕而易舉地獲得市場部主任的職位，但沒想到凱麗卻佔據了這個理應屬於他們的肥缺。

凱麗頓時恍然大悟，原來同事之所以刁難她，是因為對公司的人事制度決策感

到不滿，於是，凱麗一如既往地在辦公室向每一位同事表達著自己的友善之情。最後，她們都被凱麗的溫柔善良所打動，發自內心地接受了這個年輕有為的上司。

以友善的方式應對來自團隊內部的排擠，以友善的方式使他人折服，只有這樣，才能與團隊成員和諧相處、精誠合作，從而能夠高效率地工作。

懷特汽車公司的兩千多個工人，為了增加工資，集體組織工會罷工，但公司的經理白雷克並沒有因此震怒，並恐嚇他們，而是稱讚、誇獎他們，並在各報紙上登了一則廣告，稱頌他們的行為是「放下工具的和平方法」。

當他看到罷工的糾察人員閑著無所事事的時候，就去買了幾套棒球，請他們在空地上打球，並為愛玩保齡球的一些工人租了一間屋子。

作為一名領導，白雷克這種和善的態度，獲得了很好的效果。那些原本想要罷工的工人，找了許多掃把、垃圾車、鐵鏟，自動地打掃工廠周圍的紙屑、煙蒂、火柴。這次工人的罷工活動，在一個星期內便得以和解，並且毫無怨言地結束了。

生活是一面鏡子。當你面帶友善走向鏡子時，你會發現，鏡中的那個人也正滿懷善意地向你微笑；當你以粗暴的態度面對鏡子時，你會發現，鏡中的那個人也正向你揮舞拳頭。

從別人的立場看問題

別人的想法與做法必有他的緣由，試著找出背後的原因，這會給你一把瞭解他行為甚至個性的鑰匙。試著真誠地設身處地，站在他的立場看事情。

——戴爾·卡內基

卡內基對藝術非常嚮往，他希望自己能成爲一位出色的演員。在從事兩次推銷工作的中間一段時間內，他決定嘗試著去當一名演員。

抵達紐約的第二天早上，卡內基找到了美國戲劇藝術學院。卡內基從別人那裡得知，要想學習藝術，就得去紐約。於是，他第一次來到了這座大都市。

新生的入學評審員富蘭克林·沙爾特是一個高大魁梧的中年人，他的寬邊眼鏡後面是一雙閃爍著智慧的眼睛。他是當時美國戲劇藝術學院的院長。他給卡內基出的考試題目是現場模仿一張椅子的形狀。

通過短暫的接觸，卡內基已明白沙爾特是屬於那種用行動來證明實力的人。他沒有說什麼就走到表演臺上，恰當地彎曲雙膝，舉直手臂，模仿出一張椅子的樣子。

沙爾特滿意地點頭。

卡內基沒有預料到能如此輕鬆地通過評審，取得美國戲劇藝術學院的入學資格。後來，他曾以開玩笑的口吻說到這次評審：「或許是母親虔誠的禱告感動了上帝，當我在沙爾特先生面前顫抖時，萬能的主便讓我跨進了學院的大門。」

美國戲劇藝術學院創立於一八八六年，是當時世界上最好的演藝學校。它造就了一大批享譽世界的戲劇藝術人才，堪稱美國當時戲劇藝術家的搖籃。卡內基之所以能被戲劇藝術學院錄取，是因爲他懂得從對方的立場看問題。

卡內基認爲，失敗者之所以失敗的一個重要原因是：他們從來都不懂得站在對方的立場上看問題。

有一天，男人失業了，他沒有告訴女人，還仍然按時出門和回家，並不忘編造一些故事來欺騙女人，他說新來的主任挺和藹的……

早晨，男人夾了公事包，擠上公車，乘三站後下來，坐在公園的長椅上，愁容滿面地看著廣場上成群的鴿子。到了傍晚，男人換了一副笑臉回家。他敲敲門，大聲喊：「我回來啦！」男人就這樣堅持了五天。

五天後，他在一家很小的水泥廠找到一份短工。那裡環境惡劣，飛揚的粉塵讓他的喉嚨總是很乾。由於勞動強度很大，幹活的時候他常累得滿身是汗。

組長說：「你別做了，你這身子骨不行。」

男人說：「我可以。」他咬緊牙關，兩腿輕輕地顫抖，而且全身都沾滿了厚厚的粉塵。下班後，男人在工廠匆匆洗個澡，換上筆挺的西裝，裝出一身輕鬆的樣子回到家。他敲敲門，大聲喊：「我回來啦！」女人就奔過去開門。滿屋蔥花的香味讓男人心安。

飯桌上，女人問他：「工作順心嗎？」

男人說：「順心。」

飯後，女人說：「水開了，要洗澡嗎？」

男人說：「洗過了，和同事洗完桑拿回來的。」

女人輕哼著歌，開始收拾碗碟。

男人心想：「好險，差一點被識破。」疲憊的男人匆匆洗臉刷牙，倒頭就睡。

就這樣，男人在那個水泥廠幹了二十多天。快到月底了，他不知道那可憐的一點工資能不能騙過女人。

那天晚飯後，女人突然說：「你別在那個公司上班了。我知道有個公司在招聘，幫你打聽了，所有要求你都符合，明天去試試？」

男人心中一陣狂喜，卻說：「為什麼要換呢？」

女人說：「換個環境不是很好嗎？再說這家的待遇很不錯呢。」於是第二天男人去應聘，結果被順利錄取。

那天，男人燒了很多菜，也喝了很多酒。他知道，這一切其實都瞞不過女人。或許從去水泥廠上班那天，或許從他丟掉工作那天，女人就知道了真相。但是女人卻沒有說，而是默默地鼓勵他，幫他找工作。

如果女人沒有從男人的角度來看問題，而是逼問他為什麼把工作搞丟了，工作丟了為什麼沒有告訴她。那麼這樣不僅會使男人感到疲倦和有壓力，而且也會使整個家庭蒙上陰影。正是女人的寬容和她懂得從男人的角度看問題，才使男人有了現在的成功。

站在對方的立場上考慮問題，你會發現，他的所思所想、所喜所忌，都進入了你的視線中。在各種交往中，你都可以從容應對，贏得他人的喜愛和歡迎。當然，有太多的人不懂得如何運用這條規則，這是導致他們人生失敗的一大原因。由於不懂得站在對方的立場上考慮問題，他們喪失了許多可以成功的機會。

人人都有自尊心，我們要學會嘗試著瞭解對方，站在對方的立場看問題，這樣才能更好地與他人相處，從而也爲自己的生活增添許多快樂。

讓對方多表現自己

如果你想結下仇人，就要比你的朋友表現得更加出色；但如果你想結交朋友，就要讓你的朋友表現得比你更出色。

——戴爾・卡內基

卡內基取得了試教的成功，有了一份安穩而固定的收入。從此，他白天寫作、讀書和備課，晚上在青年會裡授課。只要他一站上講臺，就可以啓發他的學生，儘管他的學生中很多是商人。許多商人都精於賺錢，卻不能侃侃而談，因此他們急切地想獲得演講的技巧。卡內基深孚眾望，他的課程被冠名爲「卡內基課程」，他的教室被稱爲「卡內基教室」。

最初，卡內基每週上兩次課，向人們講授一點演講的方式方法。所有的人都十分感興趣，因爲他們不僅可以學到自己所缺的演講技巧，而且能夠在卡內基課程裡瞭解到這個青年教師的成長經歷。因此，他不得不每個晚上都上課。他的學生太多了，幾乎每次都要擠破教室。

但是有一天晚上，卡內基發現自己的授課陷入了一種十分尷尬的境地。每一次都是他在臺上講得天花亂墜，學生們在下面聽得津津有味。一旦他要求某位同學站起來講一點點的時候，那個人通常會說：「對不起，先生，我怕我還沒準備好」，或者「我怕我說不好」，或者「我

實在沒法運用這些原則」。

「怎麼辦呢？」卡內基憂心忡忡地想，「有效地指導同學的方法對這些成人一點都起不了作用！教他們學習愛德華・柏克，對於他們事業上的成長並無益處。我要如何啓發學生呢？怎樣才能喚醒他們呢？」

卡內基在自己的公寓內踱來踱去，雙手不停地搓動，滿腹憂思：「我的學生大多數是商人，是各種管理者，是成年人。他們要的是成果，我要教給他們一種站立的姿勢，一種談話的方式，使得這些人在一場展示會或者其他會議中能有效地表達自己的觀點和想法。可是，我做的一切都沒有什麼成效，怎麼辦呢？」

一瞬間靈感出現了，它決定了卡內基的課程安排。

通過自我暴露內心的方式，卡內基發掘出人們演講的潛能。就連那些拙於言辭的人彷彿也在一夜之間變得口齒伶俐起來。卡內基在第一個月的授課中，摸索出一套使學生開口說話的方法來。他讓每一個人都談一些關於自己的事。

有一天，青年會的主任問他：「戴爾，你是用什麼方法促使人們開始演講的？聽你講課的人越來越多了。」

卡內基說：「我也沒有特殊的方法，我只是讓他們談一些最簡單的話題，諸如孩提時代的經歷、令人生氣的事情以及一生中最悲傷的事等。由此，我引出話題，讓他們自由地傾訴心中的感慨。事實上，很多人不善於表達，是因爲他們內心深處有一種懼怕——懼怕表現自我。」

卡內基的解釋是很有道理的。「恐懼是造成不能有效演講的基本因素。」卡內基的方式也是別出心裁又相當有效的，一旦人們談到自己內心深處的感受就會滔滔不絕，那時的人們說話全是在跟著感覺走。卡內基也發現自己的課程受到空前的歡迎，一批又一批的人來聽他講課，有時人們甚至驅車一百多英里前來，只是爲了聽一次課。一班接一班，一夜又一夜的課程，使卡內基賺取了大量的薪金。

卡內基認爲，如果你想結下仇人，就要比你的朋友表現得更加出色；但如果你想結交朋友，就要讓你的朋友表現得比你更出色。

芭芭拉・威爾遜和她女兒洛瑞的關係一直很糟糕。洛瑞以前是個乖巧、快樂的小孩，但到了十幾歲時，她的反叛心理越來越嚴重，犯了錯誤從不承認，且每次都為自己辯護。威爾遜夫人曾用各種辦法教訓她，但無濟於事。

有一次，她決定和女兒掉換角色，她說：「你當一天媽媽，我當一天女兒，你要大膽地表現自己啊。」那天，洛瑞並沒有讓威爾遜掃地、擦玻璃，做很多家務事，相反，都是她在做。從此，洛瑞改變了，不再跟威爾遜對抗了。

因此，讓別人多表現並不是一件壞事情。你要自己多從別人那裡總結經驗，不要太計較個人的得與失，而要以一顆平常心對待它們，這樣你就會贏得別人的贊同。

給對方一個臺階下

很多時候，你在與別人發生爭論時總是贏不了的。要是輸了，當然你就輸了；如果贏了，你還是輸了。

——戴爾·卡內基

英國詩人華茲華斯說過：「正義之神，寬容是我們最完美的所作所爲。」生活中誰都有可能陷入尷尬的境地。這時，給他人一個臺階下，也是寬容的一種體現，而且你的寬容還往往會贏得友誼，得到信賴。

有一對夫妻因小事而爭執不下，在家裡吵鬧不休。正當妻子向丈夫吼叫時，有一對朋友來訪，丈夫尷尬得無地自容。好在妻子顧及丈夫的面子，看朋友到來後就連忙招呼。但對丈夫來說，終究一時無法從窘境中擺脫出來。

朋友見狀，笑著說：「聽你倆交流得還挺熱烈，我來得可真不是時候啊！」此話一出，妻子先紅了臉，無語離去。

丈夫馬上調侃地對朋友說：「打是情罵是愛，我們剛才是在打情罵俏呢！別看她剛才那麼凶，其實這正表示了她對我的關心，不信你問她。」這時他妻子從裡屋出來幫丈夫打圓場，爭吵便化為雲煙。

夫妻之間能夠相互打圓場，要具備兩種素質：一是要有包容、忍讓的雅量，樂於給人臺階；二是要善於應變，就像救火的消防隊員們那樣臨危不懼，只有這樣才能迅速地對難堪的境地做出反應，找到應對辦法。

在社交場合，幾乎每個人都格外注意自己社交形象的塑造，都會比平時表現出更爲強烈的自尊心。在這種心態的支配下，你對使你下不了臺的人會產生比平時更爲強烈的反感，甚至與其結下怨恨。同樣，你也會因爲別人爲你提供了臺階，使你保住了面子，維護了你的自尊心，而對他更爲感激，進而產生更強烈的好感。這些對於你們今後的交往將會產生深遠的影響。給人臺階，及時救場，如同爲人滅火。

古人云：和爲貴。人與人之間，何必總是針尖對麥芒，傷了彼此的和氣呢？在別人需要臺階的時候，給別人一個臺階，即便沒有臺階，也要幫他人鋪墊一個，這才是一位成功人士應該做的事情。

在一家高級餐館裡，有一位外國人用完餐以後，對一雙做工精美的景泰藍筷子愛不釋手，於是，就悄悄地裝進口袋。而他的這個舉動，恰巧被一位服務員看見了。

服務員不動聲色地走過來，面帶微笑地說：「謝謝光臨！您的滿意是本店的榮幸。最近，我店裡一組十分精美的餐具正作為工藝品進行銷售，如果哪位顧客願意購買的話，請與本店的工藝品銷售部聯繫。」說完，她便微笑地看向那位將筷子放進口袋裡的外國客人。

這時，那位客人馬上從口袋裡拿出了景泰藍筷子說：「我看到貴國的工藝品太精緻了，所以，情不自禁地收了起來。我很喜歡它，不如以舊換新吧！」說完他便到銷售部去訂購了一套餐具。

那位服務員話說得很得體，在批評別人時能給對方一個很好的臺階下。適應他人、幫助他人，這是一個人在這個競爭激烈的社會裡的立足之本，更是獲取成功的必備手段之一。現代職場中的關係普遍都是一種競爭與合作的關係，只有我們胸懷大度，主動學會爲別人找臺階下，才能贏得他人的信任和支持，從而開闢自己人生和事業上的新局面。可以說，給人一個臺階下，往往是擁有朋友的開始，也是自己成功的開始。

給人一個臺階下，是爲人處世應遵循的原則之一。它能顯示出一個人的良好修養，因爲只有襟懷坦蕩、關心他人的人，才會時刻牢記給人一個臺階。在受到傷害時，許多人都會與對方針鋒相對地吵鬧一番，結果是雙方都十分難堪。俗話說，和諧是福，和氣生財。主動給別人一個臺階，多做自我批評，多諒解他人，化干戈爲玉帛，才能讓生活更美好。

那麼，如何給人一個臺階呢？下面兩點不失爲好的選擇。

設想對方的動機是善意的

當我們發現對方的失誤或錯誤行爲時，要儘量克制自己的情緒，以平靜如常的表情和態度裝作不瞭解對方舉動的真實意圖和現實後果，並且設想對方的動機是善意的，以此來控制自己的言行。

換一個角度思考問題

有時，我們在面對尷尬處境時，往往不知所措，這是因爲我們的思維總是框定在常規的狀態之中。這時，如果能換一種角度對對方尷尬的處境做出巧妙、新穎的解釋，便可使他的舉動具有另外的內涵和價值，進而消除尷尬。

戲劇化地表現你的想法

這是一個富有戲劇色彩的時代，僅僅敘述事實還遠遠不夠，必須使用更容易吸引人的方法，電影如此，廣播也是如此。所以，如果你想引起別人的注意，也必須這樣做。

——戴爾・卡內基

快樂的人生離不開戲劇化的生活。我們要想使自己的生活變得愉快輕鬆，就要學會戲劇化地表達自己的看法。這樣開玩笑時就不易傷害別人的心，使他人和自己的生活時時刻刻充滿歡樂。

印第安那州密莎瓦卡市的瑪麗・伍爾夫，在工作上遇到了一些問題，她認為必須和老闆談談。星期一早晨，她要求和他面談，但是他說他很忙，讓她先和他的秘書聯繫，本周晚些時候再談。秘書說他的日程表已經排滿了，但是會想辦法安排面談。

伍爾夫夫人描述了事情的經過：

「整個一星期，我一直沒有得到那位秘書的通知。每當我問她時，她都找出老闆沒時間見我的各種理由。到了星期五早上，我還是沒有得到確實的消息。我必須在週末之前見到他，和他談我的問題，因此我就問自己怎樣才能使老闆接見我。

「最後我想了這樣一個辦法：我給他寫了一封正式的信。我在信中表示我完全瞭解他整個星期都很忙，但是我要和他面談的事也極為重要。我隨信附了一張表和一個寫了我自己名字的信封，請他或由他叫秘書把這張表填好，然後寄給我。這張表的內容是這樣的：

伍爾夫夫人：我將在　月　日　點抽出　分鐘和你見面討論問題。

「我上午十一點鐘把這封信放在他的公文盒裡面。下午兩點鐘我去看我的信箱時，就收到了我自己寫上名字的信封。他親自給我回了信，表示當天下午就可以接見我，並且給我十分鐘的時間談話。我和他見了面，而且談了一個多小時，解決了我的問題。

「如果我不把我要見他的事以戲劇化方式表達出來，我可能現在還在等他。」

卡內基認爲，這是一個富有戲劇色彩的時代，僅僅敘述事實還遠遠不夠，必須使用更容易吸引人的方法，電影如此，廣播也是如此。所以，如果你想引起別人的注意，也必須這樣做。日本有不少人是世界上著名的談判專家，被稱爲談判高手。他們談判成功的訣竅之一就是表達問題具有戲劇性。

有一次，日本一家航空公司就引進法國飛機的問題與法國的飛機製造廠商進行談判。為了讓日方瞭解產品的性能，法方做了大量的準備工作，各種資料一應俱全。談判一開始，急於求成的法方代表口若懸河，滔滔不絕地進行講解，翻譯忙得滿頭大汗。日本人則埋頭做筆記，仔細聆聽，一言不發。

法方最後問道：「你們覺得怎麼樣？」

日方代表有禮貌地回答說：「我們不明白。」

「不明白？這是什麼意思？」法方代表焦急地問道。

日方代表仍然以微笑作答：「不明白，一切都不明白。」

法方代表看到一切都要前功盡棄，沮喪地說：「那麼你們希望我們怎麼辦？」

日方提出：「你們可以把全部資料再為我們重新解釋一遍嗎？」法方不得已又重複了一遍。這樣反覆幾次的結果是日本人把價格壓到了最低點。

日方抓住法方代表急於達成協議的弱點，以「不明白」爲藉口，不急於表達自己的意見，像演戲一樣，戲劇性地表達了自己的看法，並取得了談判的勝利。這正像卡內基先生說的那樣，僅僅平鋪直敘地講述事實還不足以打動別人，必須使事實更加生動，更加有趣，並富有戲劇性地表現出來，夠有效地吸引人們的注意力，才能最終達到自己的目標。

提出有意義的挑戰

每個人都有害怕的時候，但是勇敢者會將畏懼放置一邊。繼續勇往直前，結果或許會走向死亡，但更多的則是通向勝利。

——戴爾・卡內基

挑戰是人生中的一種歷練。弱者在挑戰中精神委靡，強者在挑戰中彰顯本色。強者猶如冰雪中綻開的梅花，以傲然怒放回應嚴冬的冷酷，越是寒冷就越是俏豔；猶如突兀巍峨的山峰，以偉岸雄姿迎接風沙的肆虐，越是飛沙漫天，越能打磨出尖利的稜角。

卡內基多年的教學實踐使他有充分的理由讓人相信，他使那些曾經不幸的人改變了自己的命運，使得他們的生活更加美好。他們也因運用自己所學課程而在社會中一顯身手，去追求人生的目標。但是卡內基也有自己的煩惱，面對一些詰難，卡內基給予了反駁，但他還是處於深深的困惑之中。

這種困惑可以從他的一篇文章中體現出來。一九三八年，他爲《礦工》雜誌撰寫了一篇啓發性文稿，標題非常簡單，叫《拉你的鞋帶》。這篇文章讓人體會到一種愉悅感，這種愉悅感的產生是因爲在他的生命中融入了成功，從而改變了他原先的抑鬱生活。

他在這篇文章中以親身經驗證明，任何人都能超越貧困和精神沮喪，倘若失敗了，那只能說是他們自己的過失。也就是因爲有這些反對的聲音，才使卡內基不停地反省自己，使自己在演講方面以及人際關係方面的才能更加突出。這種直面困難的勇氣不僅是他成功的基礎，同時也是他鼓舞別人的方法。因此，有時候挑戰並不是一件壞事。

卡內基認爲，每個人都有害怕的時候，但是勇敢者會將畏懼放置一邊，繼續勇往直前。綜觀古今中外，有所成就的人無不敢於面對挑戰，勇於接受挑戰，從不畏懼失敗。

海倫・凱勒敢於接受命運的挑戰，雖然雙目失明，雙耳失聰，卻能寫出漂亮的文章；一代球星邁克爾・喬丹敢於接受NBA眾球星的挑戰，迎難而上，贏得「飛人」美譽；陳景潤敢於面對數學難題的挑戰，經過努力，摘取了「數學王冠上的明珠」……可見，只有敢於面對挑戰，以堅韌不拔之志迎接挑戰的人，才能走向成功。

挑戰是人生中的一種考驗。挑戰雖然殘酷，但帶給我們更多的是經驗。面對挑戰，有太多的人選擇了逃避、放棄，而聰明的人則選擇了勇敢面對。有句名言是：「如果你能想到，你就能做到，關鍵是你能不能面對挑戰，給自己一個承諾。面對挑戰，我們要用堅強的意志去迎接它的到來。」

挑戰是一種理性的探索，一種對生活的崇拜。要迎接挑戰，就要將自己置身於一種境界，一種勇於攀登不認輸、矢志不移的境界。要迎接挑戰，就要有戰勝它的信念，相信「長風破浪會有時」。

查理斯·史考伯手下的一名工廠經理由於一位員工一直無法完成自己分內的工作而異常苦惱。有一天，卡內基給他出了一個主意。

當日班已經結束，夜班正要開始時。史考伯說：「給我一根粉筆，」然後，他轉身面對最靠近他的一名工人，問道：「你們這一班今天製造了幾部暖氣機？」

「六部。」

史考伯不說一句話，在地板上用粉筆寫下一個大大的阿拉伯數字：「六」，然後走開。

夜班工人進來時，他們看到了那個「六」字，就問這是什麼意思。

「大老闆今天到這兒來了，」那位日班工人說，「他問我們製造了幾部暖氣機，我們說六部，他就把它寫在地板上。」

第二天早上，史考伯又來到工廠。夜班工人已把「六」擦掉，寫上一個更大的「七」。

日班工人早上來上班時，當然看到了那個很大的「七」字。

原來夜班工人認為他們比日班工人強，所以這些日班工人當然要向夜班工人挑戰。他們加緊工作，那晚他們下班之後，留下一個頗具威脅性的大「十」字。情況顯然在逐漸好轉。不久之後，這家產量一直落後的工廠，終於比其他工廠生產得更多。

其實，在現實生活中，大家都有一種永不服輸的精神。可以說你所遇見的每一個人，甚至你在鏡子中看見的那個人，在作自我評價時，總認爲自己是個很能幹和很有才能的人，這是人的本性。因此，我們要想調動他們的積極性，就要從這一點出發，給他們具有挑戰性的工作，讓他們來挖掘自身的潛能。

挑戰能夠使人的能力得到提高，使人不斷走向成熟。人無壓力不進步，有挑戰才會促使競爭雙方各施其技，各盡其能，這就使人產生了無窮的動力，就像在逆水前行的船上安裝了發動機，使船速極大地提高。面對遇到的各種艱難險阻，人會變得越來越堅強，承受能力也能得到不斷的提高。

卡內基認爲，超越對方的欲望，才是激勵人的有效方法。

我們每個人都不希望我們的生活像白開水那樣平平淡淡，我們希望迎接新的挑戰，也時刻準備著迎接新的挑戰。讓我們都爲自己提出有意義的挑戰，相信通過這些自我的挑戰，我們的人生一定能夠變得更加充實、精彩、有意義！

第四篇
如何不招致反感或怨恨

【戴爾・卡內基智慧】

● 用讚美的方式開始，就好像牙科醫生用麻醉劑一樣，病人仍然要受鑽牙之苦，但麻醉劑卻能消除這種痛苦。

● 一個人即使還沒有改正他的錯誤，但只要承認自己的錯誤，就有助於說明另一個人改變其行為。

● 假如你我願意鼓勵我們所接觸的每一個人，使他們認識並挖掘自己所擁有的內在寶藏，那麼，我們不僅可以改變他，甚至可以使他脫胎換骨。

● 給予他人由衷的認可和毫不吝惜的讚美，人們會感懷在心，牢記著你的每句話，甚至在你早就忘掉自己的讚美之時，他們仍將視為珍寶般地反覆從自己記憶中取出慢慢品味咀嚼。

● 如果你要別人喜歡你或者想要達成某種意願，牢記他人的名字，等於給予他一個巧妙而有效的讚美！

- 間接地指出別人的錯誤，要比直接説出口來得溫和，也不易引起別人強烈的反感。
- 用「建議」，而不用下「命令」，不但能維持對方的自尊，而且能使他樂於改正錯誤，並與你合作。
- 在人際交往中，不要總是責怪別人，要間接委婉地指出別人的錯誤，要保全他人的面子，尊重他人，這也是給自己留後路。
- 要改變人而不觸犯他或引起他的反感，那麼，請稱讚他最微小的進步，並稱讚每個進步。
- 使對方知道你相信他有能力做好一件事，他在這件事上很有潛力，他也許將徹底改頭換面。因為正面鼓勵可以使人更容易改正錯誤，自強自立，甚至脱胎換骨。
- 用最善良的一面去善待你身邊的每一個人，也就等於是善待了自己。只要有一顆真誠的心，那麼石頭也會開花的。

記住他人的名字

如果你要別人喜歡你或者想要達成某種意願，牢記他人的名字，等於給予他一個巧妙而有效的讚美！

——戴爾．卡內基

記憶在過去被看做是不容忽視的力量。有人曾說：「記憶是所有事物和寶藏的守護者。」也有人說：「記憶是智慧之母。」這些說法絕非誇大其詞。但是在今天，許多人已經習慣於使用非正式的記憶技能了。

一個仍具相當重要性的記憶技能就是牢記姓名。自卡內基時代起，許多優秀的商人和良好的人際關係擁有者都強調姓名記憶的重要性。

卡內基認爲，如果你要別人喜歡你或者想要達成某種意願，就要牢記他人的名字，這等於給予他一個巧妙而有效的讚美！

拿破崙能叫出手下全部軍官的名字。他喜歡在軍營中走動，遇見某個軍官時，就叫他的名字跟他打招呼，談論這名軍官參與過的某場戰鬥或軍事調動。他經常詢問士兵的家鄉、妻子和家庭情況。他的做法讓士兵感到吃驚：他們的皇帝竟然對他們的情況知道得一清二楚。這種做法，讓每個軍官都對他忠心耿耿，並甘願效勞。

無獨有偶，在美國總統的專業幕僚群中，有一位幕僚的工作內容就是專門替總統記住每一個人的名字，然後每當總統遇見某人之前，這位幕僚就會先一步告訴總統此人的姓名。而那位被總統叫得出名字的人，也就會因總統竟然會記得他而雀躍不已，進而更堅定了對總統的支持。

因此，在交往中，記住別人的名字很容易讓人對你產生好感。記住對方的名字，而且很輕易就叫出來，等於給予別人一個巧妙而有效的讚美。若是把人家的名字忘掉或寫錯了，你就會處於一種非常不利的境地。

比如說，一個美國人有一次在巴黎開了一門公開演講的課程，發出複印的信件給所有住在該地的美國人。那些法國打字員顯然不太熟悉英文，在打個別名字的時候出了錯。有一個人——巴黎一家大的美國銀行的經理，寫了一封不客氣的信給這位老師，指出自己的名字被拼錯了。

有時候要記住一個人的名字真是難，尤其是當它不太好念時。一般人都不願意

去記它，心想：「算了！就叫他的小名好了，而且容易記。」

一位著名的推銷員拜訪了一個名字非常難念的顧客。他叫尼古得・瑪斯帕・帕都拉斯。別人都只叫他「尼克」。這位推銷員在拜訪他之前，特別用心地念了幾遍他的名字。當這位推銷員用全名稱呼他「早安，尼古得・瑪斯帕・帕都拉斯先生」時，他呆住了。過了幾分鐘，他都沒有答話。最後，眼淚從他的雙頰滾下，他說：「先生，我在這個國家十五年了，從沒有一個人會試著用我真正的名字來稱呼我。」

人們都渴望被他人尊重，而記住別人的名字，則會給人一種受尊重的感覺。記住一個人的名字，是尊重這個人的開始，也是創造自己個人魅力的第一步。記憶姓名的能力，在開創事業和相互交往中是同樣重要的。

法國皇帝拿破崙三世，即拿破崙的侄兒，他曾經誇自己雖然很忙，可是能記住所見過的每一個人的名字。他有什麼高招嗎？

其實很簡單，假如他沒有聽清楚，他就說：「對不起，我沒有聽清楚。」如果遇到不常見的名字，他就這麼問：「對不起，請告訴我這名字如何拼？」

在與別人談話中，他會不厭其煩地把對方的姓名反覆地記憶數次，同時在他腦海中把這人的姓名和他的臉孔、神態、外形聯繫起來。如果這人對他來說是重要的，拿破崙就更費事了。在他獨自一人時，他會把這人的姓名寫在紙上，仔細地看著、記住，然後把紙撕了。這樣一來，他眼睛看到的印象就跟他聽到的一樣了。

這些都很費時間，但愛默生說：「良好的禮貌，是由小的犧牲換來的。」

「二戰」期間，美國民主黨全國委員會主席、郵務總長吉姆是一位傳奇人物。他小時候家裡很窮，十歲就輟學去一家磚廠工作。他把沙土倒入模子裡，壓成磚瓦，再拿到太陽下曬乾。吉姆沒有機會接受更多的教育，可是他有愛爾蘭人達觀的性格，這使人們自然地喜歡他，願意跟他接近。在成長過程中，吉姆逐漸具備了一種善於記憶人們名字的特殊才能，這對他後來從政起到了重要的作用。

羅斯福開始競選總統前的幾個月中，吉姆一天要寫數百封信，分發給美國西部、西北部各州的熟人、朋友。而後，他乘上火車，在十九天的旅途中，走遍美國二十個州。他除了乘火車外，還用其他交通工具，像輕便馬車、汽車、輪船等。

吉姆每到一個城鎮，都去找熟人進行一次極誠懇的談話，接著再開始下一段行程。當他回到東部時，立即給在各城鎮的朋友每人寫一封信，請他們把曾經談過話的客人名單寄給他。那些不計其數的名單上的人，都得到了吉姆親密而極禮貌的覆函。

吉姆早就發現，人通常會對自己的姓名感興趣。把一個人的姓名記住，很自然

地叫出來，你便給予他很微妙的恭維、讚賞。

若反過來講，把那人的名字忘記，或是叫錯了，不但使對方難堪，而且對你自己也是一種很大的損失。像羅斯福這樣的大忙人，都還不忘花時間去記一些與他們來往的民眾的名字。我們也要花時間將交往對象的名字牢記在心，以便讓對方感覺到我們的友善和尊重。

善於記住別人的姓名是一種禮貌，也是一種感情投資，在人際交往中會收到意想不到的效果。美國一家電器公司的董事長請公司的代理商和經銷商吃飯，他私下讓秘書按座位把每位來賓的名字依次記下。這樣董事長在飯桌上與每位老闆交談時都能隨口叫出他們的名字，這使得每個人都驚訝不已，生意也順利地談成了。

世界上天生就能記住別人名字的人並不多，大多數人能做到這一點全靠有意培養自己的這種好習慣。而你一旦養成了這個好習慣，就能在人際關係和社會活動中佔有很多優勢。因爲，對一個人來說，自己的名字是世界上聽起來最親切和最重要的聲音。

間接提醒對方的錯誤

間接指出別人的錯誤，要比直接說出口來得溫和，不易引起別人強烈的反感。

——戴爾・卡內基

正面的批評與指責，只會傷害他人的自尊心。而間接暗示的方法，則會讓對方感覺到你的良苦用心，這樣他不但會接受你的意見，而且會從心底裡感激你。

卡內基說：「當面指責別人，只會造成對方頑強的反抗；而巧妙地暗示對方注意自己的錯誤，則會受到對方的愛戴。」

查樂斯・史考伯有一次經過他的一家鋼鐵廠，當時是中午，他看到幾個工人正在抽煙，而在他們頭頂上正好有一個大招牌，上面寫著「禁止吸煙」。史考伯沒有指著那塊牌子責問：「你們不識字嗎？」他的做法是，朝那些人走過去，遞給每人一根雪茄，說：「諸位，如果你們能到外面去抽這些雪茄，那我真是感激不盡。」

工人們立刻知道自己違反了一項規則。因為他對這件事不說一句話，反而給他們每人一件小禮物，這使他們認識到自己的錯誤，並自覺地改正。

約翰・華納梅克也使用了同一技巧。華納梅克每天都到他在費城的大商店巡視一遍。有一次，他看見一名顧客站在櫃檯前等待，沒有一人對她稍加注意。而那些售貨員則在櫃檯遠處的另一頭擠成一堆，又說又笑。華納梅克不說一句話，他默默地鑽到櫃檯後面，親自招呼那位女顧客，然後把貨品交給售貨員包裝，接著他就走開了。

對那些對直接的批評會非常憤怒的人，間接地提醒他們的錯誤，會有非常神奇的效果。瑪姬・傑格在卡內基課程中提到，她使一群懶惰的建築工人，在幫她加蓋房子之後把周圍清理得非常乾淨。

最初幾天，傑格太太下班回家之後，發現滿院子都是鋸木屑子。她沒有去跟工人們抗議，因為他們的工程做得很好。所以等工人走了之後，她與孩子們把這些碎木屑撿起來，並整整齊齊地堆放在屋角。

次日早晨，她把領班叫到旁邊說：「我很高興昨天晚上草地上這麼乾淨，又沒有冒犯到鄰居。」從那天起，工人每天都把木屑撿起來堆在一邊，領班也每天都來，看看草地的狀況。

後備軍人和正規軍訓練人員之間的最大不同就是頭髮，後備軍人認爲他們是老百姓，因此非常痛恨把他們的頭髮剪短。

士官長哈雷・凱塞帶了一群後備軍官，他要求自己解決這個問題。跟以前正規軍的士官長一樣，他可向他的部隊吼幾聲或威脅他們，但他不想直接說他要說的話。

他是這樣講的：「各位先生們，你們都是領導者，必須為追隨你的人做出榜樣。你們應該瞭解軍隊對理髮的規定，我今天也要去理髮，而我的頭髮比你們某些人的頭髮要短得多了。你們可以對著鏡子看看，你們要做個榜樣的話，是不是需要理髮了，我們會為你們安排時間到營區理髮部理髮。」

結果是可以預料的。有幾個人自願到鏡子前看了看，然後下午就開始按規定理髮。次日早晨，凱塞士官長講評時說，他已經可以看到，在隊伍中有些人已具備了領導者的氣質。

一八八七年三月八日，美國演說家亨利・華德・畢奇爾逝世。就在那個星期天，萊曼・阿伯特應邀向那些因畢奇爾的逝世而哀傷不語的牧師們演說。他急於作最佳表現，因此把他的講道詞寫了又改，改了又寫，並像大作家那樣謹慎地加以潤飾，然後讀給他的妻子聽。

實際上，他寫得很不好，就像大部分寫好的演說一樣。如果他的妻子判斷力不

夠，她也許就會說：「萊曼，寫得真是糟糕。你會使所有聽眾都睡著的。它念起來就像一部百科全書似的。你已經傳道這麼多年了，應該有更好的認識才是，看在老天爺的分上，你為什麼不像普通人那般說話？你為什麼不表現得自然一點？如果你念出這樣的一篇東西，只會自取其辱。」

她「也許」會這麼說，而且如果她真的那麼說了，其後果是可想而知的。但是，她只是說，這篇講稿若登在《北美評論》雜誌上，將是一篇極佳的文章。換句話說，她稱讚了這篇講稿，但同時很巧妙地暗示，如果用這篇講稿來演說，將不會有好效果。萊曼•阿伯特知道她的意思，於是把他細心準備的原稿撕碎，後來講道時他甚至不用筆記。

卡內基告訴我們，要改變一個人而不傷感情，不引起憎恨，就要按照下列準則去做：間接地提醒他人注意自己的錯誤。

每個人都有一定的自尊心和認識能力，因此，爲了照顧人們的自尊心，批評應委婉含蓄一些。那些太過直白的話，既不容易被人接受，還往往會傷到他人的自尊，但如果通過間接提醒的方法去批評，那麼對方也就比較容易接受你所提的意見並自覺地改正，這樣也就達到了「雙贏」的效果。

沒有人喜歡接受命令

用「建議」，而不用下「命令」，不但能維持對方的自尊，而且能使他樂於改正錯誤，並與你合作。

——戴爾・卡內基

當我們與別人交談時，請不要命令別人，因爲沒有人喜歡接受命令。如果你想樹立敵人，只要處處壓制他就行了。但是，如果你想擁有更多的朋友，你必須讓他顯得比你突出。

卡內基曾經很榮幸地和美國最著名的傳記作家伊達・塔貝爾小姐一起吃飯。他告訴塔貝爾小姐自己正在寫有關如何做人處世的書。

塔貝爾小姐告訴卡內基，在她為歐文・揚寫傳記的時候，訪問了與揚先生在同一間辦公室工作了三年的一個人。這人宣稱，在那段時間內，他從未聽見過歐文・揚向任何人下過一次直接命令。他總是建議，而不是命令。

歐文・揚先生從來不說「做這個或做那個」，或是「不要做這個，不要做那個」。他總是說「你可以考慮這個」或「你認為，這樣做可以嗎？」他在口授一封信

之後，經常說：「你認為這封信如何？」在檢查某位助手所寫的信時，他也總是說：「也許我們把這句話改成這樣，會比較好一點。」他總是給人自己動手的機會；他從不告訴他的助手如何做事，他讓他們自己去做，讓他們從自己的錯誤中學習獲取成功的經驗。

這種方法使他的公司裡所有員工都易於改正自己的錯誤，而且維護了他們的自尊，使他們以為自己很重要，並希望和領導合作，而不反抗領導。

這也正是卡內基先生所要強調的，他認爲向對方徵求意見，問對方的一些東西，不但能得到理想的答案，有時還能激發對方的創造力，爲你創造更多的奇跡。如果處處命令別人，反而會使大家像機器人一樣毫無生氣。

塔賓瑞是賓夕法尼亞州一所職業學校的老師，他的一個學生因違章停車而堵住了學校的門。

塔賓瑞衝進教室，十分兇悍地喝道：「是誰的車堵住了大門？」

當那位學生回答時，他又對其怒吼道：「你馬上給我把車開走，否則我就用鐵鍊把它綁上拖走。」

這位學生的確是錯了，汽車不應該停在那裡，但從那天以後，不只是這位學生對塔賓瑞的舉止感到憤怒，班上的其他學生也為其打抱不平，並時常做一些出格的事情來阻礙老師上課，使他不得不向學校提出要換到其他的班級做班主任。

其實他可以用完全不同的方式來處理這件事情，假如他友善一點地問道：「門口的車是誰的？」並用建議的口吻說：「如果你能把車開走的話，那麼別人的車就可以進出了。」這位同學一定會毫不抵觸地把它開走，與此同時，班上的其他同學也就不會起哄。

如果你既要批評對方，又不想傷害彼此之間的感情或引起反感，可以嘗試著建議對方，而不是直接命令。因爲，每個人都有自己的自尊心和自己的行爲準則，他們不希望別人用命令的口氣來指責自己的行爲。所以，要想贏得友誼與合作，那麼就請記住：多用「建議」，而不是「命令」。

讓對方保住面子

在人際交往中，不要總是責怪別人，要間接委婉地指出別人的錯誤，要保全他人的面子，尊重他人，這也是給自己留後路。

——戴爾・卡內基

戴爾・卡內基經歷過這樣一件事。在一次宴會上，某客人引用了「謀事在人，成事在天」的格言，並說此話出自《聖經》。卡內基為了表現自己的淵博學識，便指出那客人說錯了，並說此話出自莎士比亞的戲劇。那客人聽了惱羞成怒，與卡內基爭辯起來。當時卡內基的老朋友葛孟也在場，而且葛孟是研究莎士比亞的專家。卡內基便向葛孟求證，葛孟卻在桌子底下踢了他一腳，說：「你錯了，這位客人是對的，這句話是出自《聖經》。」

後來，在回家的路上，卡內基很不服氣地說：「那句格言明明出自莎士比亞的戲劇嘛。」葛孟回答：「當然，是出自莎士比亞的《哈姆雷特》第五幕第二場，可是為什麼非要去證明他錯了呢？我們大家都是宴會上的客人，為什麼不給他留點面子呢？」

卡內基從此事中得到了深刻的啓發：假如我們是對的，別人絕對是錯的，我們也會因為指出別人的錯誤而使他失去顏面，進而毀了他的自尊。

我們沒有權力貶低一個人的自尊。我們在生活中都是顧及自己的臉面的。因此，一句或兩句體諒的話，對他人表示出寬容的態度，都可以減少對別人的傷害，保住他的面子。

幾乎每一位成功人士都非常重視給別人留面子，即使有時發現對方是在撒謊，也不會例外。

有一位推銷員曾向一家金屬器具廠推銷一筆大業務，但是該業務幾乎是沒有利潤的。這家器具廠經營得也十分不景氣，當時有一半的工人不能上班，每月只能領五十元的生活費。

當這位推銷員與廠長談到業務時，廠長說：「你這筆業務雖然很好，但卻根本沒有什麼利潤可言，我如果接受這筆業務的話，基本上就等於白幹。就目前的情況而言，我們的業務很飽滿，要完成你這筆業務還得加班，還得付給工人加班費啊，這樣我們不僅不能贏利，而且還可能會虧損。」

很顯然，這位廠長是在說謊話。面對撒謊的廠長，推銷員立即轉移了話題，開始談論目前國內企業的經營狀況。等到時機成熟時，推銷員說道：「如果你們接受這筆業務的話，對你們而言的確沒有多少贏利，不過正如您剛才所言，目前的企業又有多少能夠贏利呢？資金能夠正常運轉就已經很不錯了。至少在接受了這筆業務以後，你們廠上不了班的一百多名工人可以上班了，也可以有工資和一部分獎金了，您意下

如何呢？如無異議的話，我們是否可以定下來呢？」

廠長聽完之後，發現推銷員對自己公司的底細已經非常瞭解。他為自己剛剛撒的謊而感到很不自然，也來不及再爭辯什麼，就把手伸到額前拍了拍，說：「好，好，我們就認了，為了這個朋友，虧就虧吧。」

如果推銷員當時一語戳穿廠長的謊言，又會是怎樣的結局呢？廠長一定會很尷尬，還可能會因此而惱羞成怒，從而拒絕這筆業務。而推銷員並沒有直接指責對方在說謊，而是很有涵養地、間接地暗示對方，保全了對方的自尊，使對方心存感激。正是這種感激，使廠長在最後接受了這筆業務，從而使推銷活動一舉成功。

在整個推銷過程中，推銷員總是希望自己能夠迅速有效地改變客戶的態度。但是所採用的方法一定不能簡單，態度一定不能粗暴，尤其是當顧客的言行中有不妥當之處的時候，千萬不能直接指出其不當的地方，而應當採取尊重客戶的做法，使他心裡明白你是尊重他的，只有這樣，推銷才能夠順利地進行下去。

生活中需要智慧，也需要機智的幽默。只有這樣，我們才可以避免樹敵，才可以做到「化干戈爲玉帛」，也只有這樣，我們才可以減少許多麻煩，把更多的精力和時間投入到我們感興趣的有意義的工作中。

幾年前，通用電氣公司面臨一項需要慎重處理的工作：免除查理斯・史坦恩梅茲某一部門主管的頭銜。史坦恩梅茲在電器方面有超過別人的天賦，但擔任部門主管卻遭受徹底的失敗。不過，公司卻不敢冒犯他，因為公司絕對少不了他，而他又十分敏感。於是他們給了他一個新頭銜，讓他擔任「通用電氣公司顧問工程師」，工作還是和以前一樣，只是換了一項新頭銜，並讓其他人擔任部門主管。

對於這一調動，史坦恩梅茲十分高興。通用電氣公司的高級人員也很高興。他們已「溫和」地調動了這位最暴躁的大牌明星職員的工作，而且他們的做法並沒有引起一場大風暴——因為他們讓他保住了面子。

在與人交往的時候，你應該問問自己：「我是處處想要『正確』呢，還是想要受人歡迎？」在很多時候，這兩者是相互排斥的！

成爲處處正確的人，爲我們的觀點辯護，會耗費大量的腦力，並常常使我們與生活中的人們疏遠。想要始終成爲正確的一方或希望別人是錯的，就會促使別人對我們設防，並施加壓力使我們一直處於防禦狀態。

當你糾正自己某位朋友的錯誤，或忽略他們的感受以令你自己的想法「正確」時，他們可曾感謝過你或者同意你的話嗎？通常沒有。事實上，我們所有的人都討厭被糾正。我們都希望自己的觀點能夠受到他人的尊重，並且被他人所理解。

很多時候，過分地挑剔別人的錯誤，非但不會讓別人知道自己錯了，反而會使他產生逆反心理；相反，讓別人保住面子，別人會在心裡感激你，並對你有求必應。所以，在人際交往中，我們要懂得給足別人面子，只有這樣才能爲他人保留自尊，同時也爲自己贏得尊敬與回報。

毫不吝惜你的讚美

要改變人而不觸犯他或引起他的反感，那麼，請稱讚他最微小的進步，並稱讚每個進步。

——戴爾·卡內基

讚美能給人以信心，能讓對方充滿自信地面對生活。人都有一種強烈的願望——獲得他人的肯定。因此，不管是在生活當中，還是在工作當中，我們都要懂得這一需求，在為人處世時毫不吝惜地給別人以真誠的讚美。

讚美能使對方感到滿足和興奮，並產生一種做得更好以討對方歡心的心理。如果一個員工得到經理的讚賞，他肯定會盡力表現得更好。既然讚美有如此神奇的功效，那麼我們該如何來讚美別人呢？

最有效的讚揚方法是「雪中送炭」，而不是「錦上添花」。最需要讚揚的不是早已美名天下揚的人，而是那些自卑感很強、被錯當成「醜小鴨」的「白天鵝」。

他們平時很難聽到一聲讚揚，如果被人當眾真誠地讚美了，尊嚴就可能「復甦」，自尊心、自信心也一定會倍增，精神面貌也往往會煥然一新。

上、尚未被發現的優點。就是這種讚美，對進一步開發他潛在的智慧與力量起到了重要的作用，有助於他在攀登事業高峰的征途上更順利、更快地獲得成功。

最值得讚揚的優點，不應是對方身上早已眾所周知的明顯長處，而應是那些蘊藏在他身

十九世紀初，一個窮困潦倒的英國青年一篇又一篇地向外投寄稿件，卻一篇又一篇地被編輯退回。正當他快要絕望時，卻意外地收到一位編輯的來信，信很短：「親愛的，你的文章是我們多年來夢寐以求的作品，年輕人，堅持寫下去，相信你一定會成功的！」正是這幾句讚美的話，給了絕望的青年以勇氣、力量和信心，使他堅持寫下去。幾年之後，這位年輕人成為一代文學巨將。

這就是讚美的力量。所以在平常與人相處時，一定不要吝嗇你的讚美。因為在生活中，有很多時候，一個微笑，一句讚美，一番鼓勵，雖再簡單不過，卻能給人如三月的陽光般的溫暖。所以，請不要吝惜你的陽光，請不要吝惜你的鼓勵。

也許，那位編輯壓根兒就沒有想到，就是他那封三言兩語的信，讓一個人絕處逢生。讚美是開啓人心靈的金鑰匙，有時具有四兩撥千斤的力量。讚美的力量，鼓勵的火花，曾經讓許多人的人生有了奇跡般的改變……

一位德國詩人就曾有這樣一句名言：「最真誠的慷慨就是讚美。」確實，讚美就如同拂面

而來的春風，是一種心靈的交流、碰撞，是需要精心呵護的鮮花。一句普普通通的讚美話語有時可以改變一個人的一生。不管是普通的人還是偉大的人，都希望聽到別人的讚美。讚美不是虛偽奉承，不是誇大其詞吹捧，也不是一味地寬容，讚美是真誠地鼓勵。

「讚美的話能當我十天的糧。」馬克・吐溫的這句話形象地說明了讚美的作用和力量。人類天性渴望認同，每個人天生都渴望得到他人的讚賞；同樣的，也都懼怕責難。一位心理學家曾說：人類性情中最強烈的，是渴望得到他人的認同。一句真誠的讚美可以激勵一個人的生，可以使他成就一番事業。

一位作家在孩提時代極為膽怯、害羞，幾乎沒有什麼朋友，對什麼事都缺乏自信。一天，他的老師佈置的作業是給一篇小說寫續文。現在他已無法回憶他寫的那篇續文有什麼獨到之處，或者老師給的評分究竟是多少，但他至今仍清楚地記得，而且永生不忘的是，老師在他的作文的頁邊空白處寫了四個字：「寫得不錯。」

這四個字，竟改變了他的人生。在中學剩餘的日子裡，他寫了許多短篇小說，並經常將它們帶給這位老師評閱。在她不斷地鼓勵下，他成為中學報紙的編輯，並最終成為一名作家。

「在讀到這些字以前，我不知道我是誰，也不知道將來幹什麼，」他說，「讀了她的批註後，我就回家寫了一篇短篇小說，這是我一直夢寐以求但從來不相信自己

能做的事。」

在建校二十周年的聚會上，他回母校看望了這位老師，並告訴她當時她所寫的四個字給予他的是成為一名作家的信心，並改變了他的一生！他相信如果沒有那四個字，也許一切都不會發生。

由此可見，讚美的力量是多麼神奇。所以朋友，任何時候千萬不要吝嗇你的讚美，說不定正有一位偉大的人物等著你去成就呢！

美國總統林肯說：「人人都需要讚美，你我都不例外。」讚美對影響他人有著一種神奇的力量。行爲專家認爲，讚揚是一些行爲發生聯繫的東西，它能促使某種行爲重新出現。當大腦接受到讚揚的刺激時，大腦皮層形成的興奮狀態可調動起各種系統的積極性，潛在的力量能動地變成了現實，行爲就會發生改變。所以，給予他人讚美，能成就他人，並幫助我們建立和諧的人際關係。

給人一個好名聲

假如你要在領導方法上超越自我，改變其他人的態度和舉止，請記住這條規則：給他人一個美名，讓他為此而奮鬥努力。

——戴爾．卡內基

卡內基認爲，假如你要在領導方法上超越自我，改變其他人的態度和舉止時，請記住這條規則：給他人一個美名，讓他爲此而奮鬥努力。我們每個人都希望得到讚美，當別人讚美我們後，我們會努力地做到最好。

一名制革師傅收下一個男孩做學徒時，對他說了這樣一句話：「我怎樣對別人，別人也會怎樣對我。」後來，這個男孩通過自己的誠實、好心和勤奮獲得了師傅的信任。

制革師傅對他說：「我考慮在你學成後，送給你一件好的禮物。我不能告訴你那是什麼東西，但它對你來說比一百英鎊更有價值。」

當男孩學徒期滿後，制革師傅說：「我會把要給你的禮物給你的父親，」然後

他又加上了一句話，「你的兒子是我所遇見過的最好的男孩。這就是我送給你的禮物——一個好名聲。」聽到這裡，男孩原先那獲得物質獎賞的夢想破滅了。

但他的父親對制革師傅說：「我寧可聽到關於我兒子好名聲的話，而不願意看到你給的金錢，因為一個好名聲要比巨大的財富重要得多。」

每個人都渴望自己能有一個好名聲，而不願給人留下負面的印象。所以，給他人留個好名聲非常重要。

卡內基就非常注重這一點。洛莉塔是卡內基的第一位夫人。洛莉塔平時在家裡對卡內基進行譏諷嘲笑，後來竟然還阻礙卡內基書籍的出版。當卡內基從出版社知道事實真相後，並沒有到處去說洛莉塔的壞話，而是像往常那樣對待她，給她留下一個好名聲。

卡內基用自己的親身經歷告訴我們，如果你希望某人具備一種美德，你可以認爲並公開宣稱他早就擁有這一美德了，給他一個好名聲，送他一頂高帽子，讓他去努力實現，那麼他便會竭盡全力，而不願看到你失望。

另外，先努力肯定他人，給他一個好名聲，讓他覺得自己重要，然後再指出他的不足，這樣他會比較樂意接受你的意見。

紐約的一位教四年級的老師魯絲・霍普斯金太太，看過班上學生的名冊後，稍微有一點憂慮，因為今年她班上有一個全校最頑皮的「壞孩子」——湯姆。

湯姆三年級的老師，不斷地向同事或校長抱怨，只要有任何人願意聽，他就會不停地說湯姆的壞事。湯姆不只是做惡作劇而已，還跟男生打架，逗女生，對老師無禮，在班上擾亂秩序，而且這種情況愈來愈糟。唯一能讓人放心的是，他能很快學會學校的功課，而且非常熟練。

霍普斯金太太決定立刻解決「湯姆問題」。當她見到她的新學生時，她這樣說道：「羅絲，你穿的衣服很漂亮。愛麗西亞，我聽說你畫畫很不錯。」

當她念到湯姆時，她直視著湯姆，對他說：「湯姆，我知道你是個天生的領導人才，今年我要靠你幫我把這個班變成四年級最好的一個。」

在開始幾天她一直強調這點，誇獎湯姆所做的一切，並評論他的行為正代表著他是一位很好的學生。有了值得奮鬥的美名，這一個九歲大的男孩也當然不會令她失望。而且他真的做到了這些。

卡內基認為，對於普通人來說，如果你能得到他的敬重並且你對他的某種能力也表示肯定，那麼他就會樂意接受你的領導。

琴德太太住在紐約白利斯德路，她剛雇了一個女傭，並告訴她下星期一開始來

工作。琴德太太打電話給那女傭以前的女主人，而那位以前的女主人卻認為這個女傭並不好。

當那女傭來上班的時候，琴德太太說：「妮莉，前天我打電話給你以前做事的那家太太。她說你誠實可靠，會做菜，會照顧孩子，不過她說你平時很隨便，總不能將房間整理乾淨。我相信她說的是沒有根據的。你穿得很整潔，這是誰都可以看出來的。我可以打賭，你一定會將房間收拾得同你的人一樣整潔乾淨。我也相信，我們一定會相處得很好。」

是的，她們果然相處得非常好，妮莉不得不顧全她的名譽，所以琴德太太所講的，她真的做到了。她把屋子收拾得乾乾淨淨，她寧願自己多費些時間，辛苦些，也不願意破壞琴德太太對她的好印象。

由此可見，一個好名聲對於一個人來說是多麼的重要，它不僅表現了一個人已有的品格，還能對其產生一種激勵作用，使其朝著更高的人生目標前進。

第五篇

使你的家庭生活更幸福

【戴爾・卡內基智慧】

● 地獄中的魔鬼所發明的破壞愛情的所有惡毒手段，最厲害的要算嘮叨了。這種方法總是會得逞，他就像眼鏡蛇毒一樣，總是置人於死地。

● 機會只有一次。因此，凡是我能做的善事或我能向人表達的善心，就讓我現在去做。不要拖延，不要疏忽，因為機不可失，時不再來。

● 無論如何，如果性生活本身令人滿意，那麼許多由其他因素導致的衝突將會迎刃而解。

● 愛整個人類可能是一件易事，認真地去愛上一個人卻很難。

● 如果我們都善於設身處地替他人著想，沿著他人的思緒斟酌一番，人與人之間也許能寬容、諒解。

- 若想婚姻成功，絕不是找到一個好配偶，你自己也要成為一個好配偶；如果你想讓你的家庭生活保持幸福快樂，就請記住，千萬不要根據你的意思去改變你的伴侶。
- 要體諒別人，並竭力自我克制，不要在家裡批評任何人和事。
- 大多數男人總是不注意通過日常小事來表現對女人的體貼，因為他們不知道，愛的遠逝，往往都是從小地方開始的。
- 在所有一切烈火中，地獄魔鬼所發明的獰惡的毀滅愛情的計畫中，嘮叨可以說是最致命的一個了。
- 對於婚姻而言，殷勤有禮就像機油對於發動機一樣重要。
- 婚姻的幸福和快樂很少是靠機遇獲得的，它們是靠人營造出來的，而且還要有理智的、審慎的計畫。

多為對方想想

如果我們都善於設身處地替他人著想，沿著他人的思緒斟酌一番，人與人之間也許能寬容、諒解。

——戴爾・卡內基

婚姻的美滿，是每一個男人和女人都盼望的。然而，許多婚姻之所以以失敗告終，其實過錯並非是愛情本身。彼此之間缺乏瞭解，往往是真正的原因。理解、體諒、忠誠、信任是維持婚姻家庭的基礎，缺少它們則很容易導致婚姻的破裂。

所以，要想擁有和諧、美滿、幸福的婚姻，體貼、理解、忠誠與寬容是不可少的。只有懂得這些，才能使彼此間的交流更加融洽；只有懂得這些，才能讓夫妻間的感情長久保持。生活中，多爲對方想想，婚姻的幸福之路才會越走越寬，生活也將會由此而變得更加幸福、溫馨。夫妻之間要儘量避免一些不必要的斤斤計較，也不要一付出就向對方索取回報。要換位思考，給予對方解釋的機會，而不應該把自己的想法強加於對方。要瞭解對方，多為對方想想。

奧斯卡爾・弗雷爾是瑞士著名的神經科醫師，他認為：「性別間的最大誤解根本在於男人和女人幾乎不瞭解他們之間的基本差別。而且，他們總要糾纏次要的差別。如此一來，出現的唯一結果便是加劇兩性間人為的煩惱。」

一位很風趣的男人曾說：「女人們不需要被理解，只需要被愛。」這句話反映出了男人的一種典型的偏見。女人大多數都希望被別人愛，被別人呵護，被別人理解。那麼男人呢？其實更需要別人的理解。假如你一點也不瞭解對方的心理，不瞭解對方的本性，又怎麼能真正地去愛他呢？由於差異的存在，相互理解在夫妻關係中就顯得更重要了。

夫妻間的關係不僅要求彼此相愛，而且還要時刻洞察對方的內心世界。丈夫不滿足於妻子漂亮的外表，卻因妻子的聰明才智而愛她，那丈夫所希望的是，他的妻子能夠理解自己。但是理解又包含著多方面的意思：理解對方的優點和特長，理解對方的缺點和不足，理解對方的愛好和怪癖，理解對方的理想和志向，理解對方的心理活動規律和特點。理解，它所指的就是站在對方的立場上考慮問題，設身處地地替對方著想，即所謂的「換位法」。在日常生活中，夫妻雙方都應該去感受對方的思想、情緒，最大限度地減小從自我出發的主觀性，用對方自身的觀點去理解他。這樣做後，雙方或許就能擁有不謀而合的默契。

理解是夫妻之間在共同的人生觀、價值觀、性愛觀、審美情趣基礎上，在長期共同實踐中，具有的一種心心相印的默契。夫妻間有了理解，就會對錯誤諒解。

理解的先決條件就是雙方彼此敞開心扉。當對方遭受到挫折時，要幫其分擔憂慮；當對方犯了錯誤時，要向其表示，任何人都會犯錯誤；當對方取得成功時，要向對方表示由衷的祝賀，並且給予對方讚賞。

車爾尼雪夫斯基曾經說過：「愛是欲求和感情的調和，而婚姻的幸福是來自夫妻間的心心相印。」夫妻之間只有真正相互理解，才能心心相印。很多時候，夫妻之間沒有誰是誰非，互相讓步就無是非；夫妻之間沒有誰贏誰輸，贏則雙贏，輸則雙輸。

夫妻之間的換位思考在營造美滿和諧的婚姻生活中也是非常重要的。然而在現實生活中，夫妻中的一方很少去替對方著想，總是站在自己的角度去分析問題，去看待事情的發展。如果這樣，那麼男人不能理解女人的無奈，而女人也無法真正理解男人沉重的負擔。如果夫妻間缺乏必要的理解和溝通，就會導致矛盾升級、分歧擴大，如果不能及時去解決它，悲劇就會一次又一次地重演。

有一對夫妻，丈夫每天的工作時間是八個小時，上下班要花兩個小時，妻子則是負責家務事。開始的時候，妻子總是抱怨丈夫一回家就發脾氣、鬧情緒，既不和她商量任何事情，總是按自己的意思去處理，也不做家務。於是她就經常對丈夫發脾氣，抱怨他的不是。丈夫不願一跨進家門就聽見妻子連珠炮似的抱怨，於是開始故意躲避妻子，週末經常去郊外踏青。

隨著時間的流逝，兩個人的關係逐漸惡化。後來，妻子去詢問了有關專家，並接受了心理醫生的建議，開始每天在門口以接吻的方式迎接丈夫下班，而不是去責備丈夫。當丈夫要出去的時候，她通常都會同意，而對於他要去哪兒，她既不做任何查問，也不要求丈夫給予說明。在短短的時間裡，這對夫妻就又恢復了令人欣慰的和諧的婚姻關係。

其實不只是做妻子的要換位思考，丈夫也應該如此。因爲妻子每天都與丈夫在一起，所以有時候丈夫的好多優點、長處妻子都是看不到的；而丈夫每天都在忙碌，也很難看到妻子所做的家庭瑣事，這時夫妻雙方就會變得挑剔。如果出現這種情況，雙方不妨站在旁人的角度看看自己的丈夫或妻子，這時就會發現其實他（她）身上也有很多閃光點。這種方法也許還會讓彼此之間的距離一下子拉近，並使夫妻雙方找回久違的激情。

如果雙方發生爭吵，就要多替對方著想：如果我是他，我會怎樣做？應該經常想對方的好處，想他對自己點點滴滴的恩情、愛護，想他的功勞、辛苦與不易。不要對方做一點不合自己心意的事情就產生抱怨等不良的情緒，不要記對方的舊賬。這也就要求我們應該學會觀功念恩，不要觀過念怨。

夫妻雙方在家庭生活中，尤其是在對待對方時，要表現出寬容的態度，在細節中給予對方更多的關心和體貼，這樣，家庭就會更和睦，生活就會更美好。

不要改變你的伴侶

若想婚姻成功，絕不是找到一個好配偶，你自己也要成為一個好配偶；如果你想讓你的家庭生活保持幸福快樂，就請記住，千萬不要根據你的意思去改變你的伴侶。

——戴爾・卡內基

我們在生活中，不要試圖去改變自己的伴侶，而要在相處過程中慢慢地去磨合、去理解。

我們知道卡內基和他的妻子洛莉塔的婚姻也是充滿痛苦與坎坷的。由於洛莉塔無法改變卡內基的思想，讓他從事更能賺錢的職業，而卡內基也改變不了洛莉塔那高傲的性格和內心無比強烈的虛榮心，最終這段婚姻走到了盡頭。但是卡內基從自己不幸的婚姻中總結出爲人處世中應學的第一課，就是不要干涉別人尋找快樂的特殊方式，如果這些方式並沒有對我們產生較大的妨礙的話。若想婚姻成功，絕不只是找到一個好配偶。你自己也要成爲一個好配偶，如果你想讓你的家庭生活充滿幸福快樂，就請記住，千萬不要根據你的意思去改變你的伴侶。

英國著名首相狄斯累利和瑪麗的婚姻是成功典範之一。狄斯累利在三十五歲以前，一直過著單身漢的生活，後來才向這位有錢的寡婦求婚。這位寡婦比他大十五歲，已經年過半百，而且頭髮灰白，既不年輕，也不漂亮，更不聰明。她對服飾的審美觀十分古怪，對家庭裝飾的偏好也讓人難以恭維。但是，在處理婚姻生活中的重要的事情——如何對待男人時，她卻是一個天才，一個真正的天才。

她並不想在智慧方面和狄斯累利一較高低。當狄斯累利精疲力竭地回到家中以後，他的妻子瑪麗說的那些家常話卻能讓他感到輕鬆愉快。家變成了狄斯累利求得安寧的地方，而且他還可以沐浴在妻子瑪麗的溫暖之中，享受生活的美好。他越來越喜歡這個家了。和妻子在家中共處的時間，成了他最快樂的時光。她是他的伴侶，是他的親信，是他的顧問。每天晚上，他從眾議院匆匆忙忙地趕回家之後，就會把這一天的新聞告訴她。而且最重要的是，不論他做什麼事情，瑪麗都相信他能成功。在三十年的時光中，她總是不知疲倦地談論她的丈夫，讚賞他、誇獎他。

儘管瑪麗在公共場合顯得既愚蠢又笨拙，而且注意力不集中，但狄斯累利從來不批評她，也從未說過一句責怪她的話。如果有人敢譏笑她的話，狄斯累利會立即站出來，激烈而忠誠地為她辯護。狄斯累利讓妻子瑪麗隨心所欲地做她想做的事情。

由此可見，在生活中，要想擁有幸福成功的婚姻，夫妻之間就必須懂得寬容和讚賞。如果我們要使自己的家庭生活保持幸福和快樂，就不要根據自己的意思去改變伴侶。

托爾斯泰是歷史上最著名的小說家之一，他那兩部名著《戰爭與和平》和《安娜・卡列尼娜》，在文學領域中，永遠閃耀著光輝。

托爾斯泰被人們所愛戴，他的讚賞者，甚至終日追隨在他身邊，將他所說的每一句話，都快速地記了下來。

除了美好的聲譽外，托爾斯泰和他的夫人，有財產、有地位、有孩子。幾乎沒有多少人能像他們那樣有美滿的姻緣。

然而後來，發生了一件驚人的事，托爾斯泰漸漸地改變了。他變成了另外一個人，他對自己過去的作品，竟感到羞愧。就從那時候開始，他把剩餘的生命，貢獻於寫宣傳和平、消滅戰爭和解除貧困的小冊子。

他把所有的田地給了別人，自己過著貧苦的生活。他去田間工作、砍柴、堆草，自己做鞋、自己掃屋，用木碗盛飯，而且嘗試著儘量去愛他的仇敵。

托爾斯泰的一生，應該是一幕悲劇，而造成悲劇的原因，是他的婚姻。他的妻子喜愛奢侈、虛榮，可是他對此卻輕視、鄙棄。她渴望著顯赫、名譽和社會上的讚美。可是，托爾斯泰對這些卻不屑一顧。她希望擁有金錢和財產，而他卻認為金錢和財產是一種罪惡。

這樣經過了好多年，他的妻子吵鬧、謾罵、哭叫，因為他堅持放棄他所有作品的出版權，不收任何稿費、版稅。可是，他的妻子卻希望得到那些財富。

當他反對她時，她就會像瘋了似的哭鬧，倒在地板上打滾，手裡拿著一瓶鴉片，要吞服自殺，同時還恐嚇丈夫，說要跳井。

在某一天的晚上，這個年老傷心的妻子，渴望著愛情。她跪在丈夫膝前，央求他朗誦五十年前，他為她所寫的最美麗的愛情詩章。當他發現那些美麗、甜蜜的日子，現在已成了逝去的回憶時，他們倆都激動地痛哭起來。生活的現實和逝去的回憶，是多麼的不同。

最後，當他八十二歲的時候，托爾斯泰再也忍受不了家庭折磨的痛苦。就在一九一〇年十月，一個大雪紛飛的夜晚，他離開他的妻子而逃出家門，不知去向。

若干天後，托爾斯泰患肺炎，倒在一個車站裡，他臨死前的請求是，不允許他的妻子來看他。這就是托爾斯泰夫人抱怨、吵鬧和歇斯底里所付出的代價。

在生活中，我們不要試圖去改變自己的愛人，而要學會包容，學會一起生活，學會找到彼此的共同點，從而找到生活的樂趣。我們要學會試著去接受對方的缺點，讚賞對方的優點，使彼此每天都能過得開心愉悅。

切莫指責你的家人

要體諒別人，並竭力克制自我，不要在家裡批評任何人和事。

——戴爾·卡內基

卡內基認爲，要體諒別人，並竭力自我克制，不要在家裡指責任何人和事。對於妻子和丈夫來說，這種寬容大度的做法，總是要比挑剔和斥責好得多。有調查顯示，百分之五十以上的婚姻生活之所以沒有幸福，其原因之一就是那些毫無用處卻令人心碎的指責。因此，我們不妨大度一些，好好學習一些偉人的做法。

狄斯瑞利的勁敵是格雷斯東。他們兩人凡遇到能引起爭辯的國家大事，就會起衝突。可是，他們有一件事卻是完全相同的，那就是他們的私人生活都非常快樂。

格雷斯東夫婦共同度過了五十九年美滿的生活。我們可以想像到，格雷斯東握著他妻子的手，在圍繞著爐子的地毯上唱著歌的那幕情景。

格雷斯東在公共場合是個令人懼怕的勁敵，可是在家裡，他絕不批評任何人。每當早晨當他下樓吃飯，看到家裡還有人睡著尚未起床時，就會運用一種溫柔的方法來替代責備。

他提高了嗓子，唱出一首歌，讓屋子裡充滿著他的歌聲。那是他告訴還沒有起床的家人，他現在正獨自一個人等候他們一起用早餐。

格雷斯東懂得家庭的和睦對自己是多麼的重要，只有家庭和睦了，他才有精力去追求事業上的成功。

家人是我們的至親、至愛。因此我們不要隨意批評家人，而要懂得享受上天賜給我們的這種幸福，這樣許多事情都能在輕鬆、溫馨的氣氛中得到解決。

夫妻之間更應如此。在兩人還是男女朋友時，則往往是卿卿我我、如膠似漆；可是婚後，卻往往是另一番模樣，取而代之的是過分地指責與抱怨，其實夫妻之間的相處之道在於坦誠與體諒。如果要做一對完美的伴侶，就請牢記這麼一句名言：給對方多一些信任和接納，多給彼此一點空間，並以行動表示諒解；應該多多包容，多多忍耐，多多欣賞，要儘量少一些批評和抱怨。

因此，當雙方之間出現問題時，應多多檢討自身的過錯。永遠不要對對方要求得過於苛刻，總數落他（她）的不是，也不要教他怎麼做。在現實生活中，要多想想自己應該怎麼做，而不是去要求對方應該怎麼做。有時對方做得不夠好，或許是有原因的，也許是個性使然，也許是因爲工作太忙，也許是沒做過不知該從何下手，要分析對方沒做好的原因，並適時給予鼓

勵。另外，有些事今天沒有做，明天也還能做，在相處的時候，千萬不要指責對方沒有及時將事情完成，因爲他可能有其他事情要做。如果你經常要求對方怎麼做，並指責對方，那麼你的家庭很可能會出現危機或是瀕臨解體。婚姻是兩個人的，所以雙方都應當要求自己多付出，千萬不要因爲自己的付出而感到委屈，你應該知道，爲你愛的人所付出是一種幸福。夫妻之間應該互相支持，這樣做你的家庭才會和睦，才會幸福。

世界著名的歌劇男高音真・皮爾士與太太的婚姻差不多維持了半個世紀之久。他不止一次地公開對外界表示：「我太太和我在結婚前就已訂下了協議，那就是不論我們對對方如何的憤怒不滿，都要一直遵守著這項協議。這項協議是，當一個人大吼的時候，另一個人就應該靜聽——因為當兩個人都大吼的時候，就沒有溝通可言了，有的只是雜訊振動。」

對於他們來說，也許這就是給婚姻貼上的保鮮膜，而這張保鮮膜確實把他們的婚姻保護得非常甜美。

如果雙方的意見不能達成一致時，就應該坐下來真誠地討論你們的問題和解決這件事的方法，並達成協議。雙方要努力地遵守協議。要想讓你的家庭生活幸福快樂，就不要試圖改造對方，也不應該指責對方，而要相互理解，相互信任。

家庭是每個人的心靈港灣，只有先把家庭經營好了，才能很好地應對工作、事業中的困難。現實生活中，若哪個家庭中存在不和睦的情況，那往往是夫妻雙方不斷地指責對方、挑剔對方而導致的。所以，一對聰明的夫妻絕不會整天嘮叨對方的不是，而是不斷地誇獎對方的優點，讓對方在不知不覺中改變自己，這樣家庭生活也會慢慢地變得更加和諧、幸福。

從小事上關心她

大多數男人總是不注意通過日常小事來表現對女人的體貼，因為他們不知道，愛的遠逝，往往都是從小地方開始的。

——戴爾・卡內基

卡內基認爲，大多數男人總是不注意通過日常小事來表現對女人的體貼，因爲他們不知道，愛的遠逝，往往都是從小地方開始的。爲什麼要等你的妻子生病住院了才給她買花呢？爲什麼不在明天晚上就買一束玫瑰花送給她？如果你願意，不妨立即去做，看看結果如何。向你所愛的人表達你的思念，讓她感到幸福快樂，能讓你們的關係更加親密。而她的幸福快樂對你來說，則是非常寶貴和重要的。

芝加哥有一位法官，曾處理過數萬件起於婚姻爭執的案件，同時調解了約兩千對夫婦。他曾這樣說過：「一樁細微的小事，就會成為婚姻不快樂的根源。就拿一樁很簡單的事來說，如果一個做妻子的，每天早晨對上班去的丈夫揮揮手，說一聲再見，就會減少觸上『離婚暗礁』的機率。」

勃洛寧和他夫人的生活，是值得歌頌的。他們總是從細微之處入手來關心對方，這種彼此間的體諒，使他們的愛情歷久彌新。勃洛寧對他那位有病的太太，體貼得無微不至。他太太有一次寫信給她的姐妹們說：「我現在開始懷疑，我是不是像天使一樣快樂。」

女人是敏感的動物，有時會把細節問題看得很重。她們會埋怨說：「別的丈夫出差都會給他的妻子買禮物，爲什麼你沒有想著我呢？」其實從這件小事上並不能看出男人對她愛還是不愛。我們知道，夫妻在一起生活，就是爲了更好地生活，儘管女人會不停地計較一些小事，而其本意是希望丈夫關心自己、愛自己，希望夫妻兩人關係更親密，生活更美滿、幸福。因此作爲男人，應多從小事上關心女人。

有一位農家婦女，經過一天的辛苦後，在她的男人面前放下一堆草。男人惱怒地問她是怎麼回事，她回答說：「啊，我為你做了二十年的飯，在那麼長的時間裡，我從未聽見一句話使我知道你吃的不是草！」

許多男士在工作中總會遇到一些煩心事和挫折，如果一位善解人意的妻子對他加以關懷和撫慰，這對丈夫來說無疑是個鼓舞，但是這往往會被很多夫婦忽略。忽視每天發生的那些瑣碎

的小事，長久下去，就會忘了這些事實的存在，那麼生活也就變得平淡、無趣，矛盾也可能由此產生。

爲什麼不體恤一下你的妻子呢?下次她燒菜燒得很香時，你就稱讚她，使她知道你欣賞她的手藝。正如有人常說的：「好好地捧一捧這位小婦人。」

生活就是這樣，女人要求的往往並不多，而只是一點小事。有時哪怕是一個眼神，一個微笑，一個擁抱，都會讓女人感動一生。所以，要想讓你的家庭美滿快樂，就應該隨時注意生活中的瑣碎細節，從小事上關心她。

經營婚姻切勿嘮叨

在所有一切烈火中，地獄魔鬼所發明的獰惡的毀滅愛情的計畫中，嘮叨可以說是最致命的一個了。

——戴爾・卡內基

卡內基認爲，嘮叨是最可怕的，它給婚姻生活帶來的，除了悲劇什麼都沒有。

當丈夫爲工作在外面勞累了一天、筋疲力盡地回家時，妻子應趕緊去門口迎接他，爲他倒上飲料或冰鎭酒，切記不要發脾氣、不要不停地嘮叨。

從前有一對年輕夫婦，由於丈夫的事業剛剛起步，收入偏少，他的妻子便借此來輕視和取笑他所做過的每一份工作。剛開始，雖然他只是一個小小的推銷員，但是他很喜歡自己的產品，工作起來也充滿熱情。上了一天的班，已經很累了，本來希望能得到一些鼓勵的他，卻總是聽見妻子不停地嘮叨：「回來了，今天工作好吧？帶回來多少錢？你一定不要忘記，下個星期我們該繳房租了。」

雖然丈夫受到了這樣的嘲笑，但兩人終歸還是有些感情，這樣的日子維持了好

幾年。這位丈夫不停地為自己的事業忙碌著，終於得到了上司的認可，坐到了總經理的位置。就是這一天，他和常常嘲笑他的妻子離了婚，又娶了一位年輕的、能給他鼓勵的女孩。然而，他的前妻始終不知道自己是因為什麼失去了丈夫。

她總是向朋友們抱怨道：「我省吃儉用地跟著他過了這麼多年苦日子，他倒好，不需要我的時候，就一腳把我踹開，去找年輕女人了。男人竟是這樣沒心肝啊！我以前真是看錯人了！」如果有人告訴這位女士，使她失去丈夫的真正原因並不是另外一個女人，而是她自己愛嘮叨的毛病，想必她很難接受這個答案。

其實我們每個人都討厭別人無休止地重複同一件事情，因爲這樣會使我們感到厭煩和疲倦。因此，不停地嘮叨會使我們的婚姻走向滅亡。

現在有一些丈夫苦於妻子的嘮叨，總是說：「我和她在一起時她總是批評我，這也不是，那也不是，真煩！」還有一位丈夫說：「妻子下班回來，門一開，批評就來啦，什麼地上髒呀，東西到處放呀，我本來想等她回來，想對她說一句體貼的話，可是一聽這些話，心就涼了一半！」

看來在夫妻之間，嘮叨，過多地指責對方，是會影響夫妻關係的，甚至會導致夫妻爲這些小事而分手。那麼爲什麼會出現這樣的現象呢？

人們在結婚以前，往往會對婚後生活、夫妻關係抱有很多幻想和期望，而這些幻想和期望往往不切合實際。許多人認爲自己所做的事情都是對的，而對方必須滿足自己的要求，例如妻子要求丈夫文雅，強壯，事業成功，家務又能幹等，而丈夫希望妻子溫柔，熱情，既有學問又不超過老公。這些人一旦認爲對方不符合自己的要求，就會感到失望，甚至會心灰意懶。長此以往，這種失望心情會變得更加強烈，例如妻子看見別人的丈夫做家務，就會更加看不慣自己的丈夫，丈夫看見別人的妻子既漂亮又會打扮，就感到自己的妻子粗俗。如果用這種對比方式來要求對方，會更影響夫妻關係！

一位妻子有個能幹的父親，幹家務很內行，父親對這位妻子的影響太深，她認為自己的老公也應該像自己的父親一樣，因此就埋怨丈夫不關心家，做家務不內行，自然夫妻關係也就不融洽了，有人勸告這位妻子，不要用父親比丈夫，只要丈夫工作好，愛你就行了，要求不能太高。這位妻子聽從勸告後，不再嘮叨了，結果她驚奇地發現，丈夫反而比以前關心她了，並開始做家務了。

有不少人在工作單位裡比較約束自己，遇到不如意的事情總能控制住自己的情緒，要對別人進行批評指責時總是考慮對方能不能接受得了。可是在家裡，對自己的家人卻是肆無忌憚，任意指責，他們以爲：「是夫妻嘛，隨便！」這種做法是錯誤的，因爲這種做法傷害了對方。對配偶指責過多，會影響夫妻之間的感情。

記住，世上沒有絕對完美的家，也沒有絕對完美的人，只要不是原則問題，就沒必要爲小事弄到分裂的下場，太不值得！

婚姻就如同一個新的生活旅程，你必須做好長時間辛苦的心理準備，只有這樣才有可能獲得美滿和諧的婚姻。那麼，在生活中我們又該如何做才能更好地改正嘮叨的不良習慣呢？

● **遇到不愉快的、重大的事情時，要冷靜地和對方進行討論**。當雙方發生不愉快時，不妨將自己想說的話寫在紙條上，等雙方都冷靜下來的時候，再拿出來進行討論。這樣做就會避免雙方意氣用事，從而也就不會引起更大的爭論了。

● **想辦法用很溫和的方式來達到目的**。很多時候，用「甜」的東西招待客人，比用「酸」的東西更好。所以，你也不妨經常給對方一點讚美。

● **積極地取得丈夫和家人的配合**。當你要向人發怒，或是對某件事開始嘮嘮叨叨地抱怨時，請他們馬上對你提出批評或者是給予其他的懲罰。

● **培養自己的幽默感**。擁有幽默感會使你經常保持良好的心情，從這個意義上說，它或許還是女人的美容良方。而一個人動不動就爲一點小事發脾氣，則很容易影響健康。所以，不應該讓一些微不足道的小事，把愛情中的快樂轉變爲仇恨。

第六篇

平安快樂的要訣

【戴爾・卡內基智慧】

● 讓我們不要模仿別人。讓我們找到自己，保持本色。

● 人不會因為過度勞累而死，卻會因放蕩和憂煩而去；不要忘記，快樂並非取決於你是什麼人，或你擁有什麼，它完全來自於你的思想。

● 能做他們喜歡做的事情的人，是最幸運的人。這種人之所以幸運，就是因為他們的體力比別人充沛，情緒也更快樂，而憂慮和疲勞卻比別人少。

● 微笑著面對生活是十分必要的，因為微笑彷彿永遠都在說著：「我喜歡你，你使我覺得快樂，我很高興看到你。」

● 自己要學會對自己說：「這件事情只值得我去擔一點點心，沒有必要去操更多的心。」

- 我不再為已經過去的那些事悲傷，現在我每天的生活都充滿了快樂。
- 處在任何時候都能夠放鬆，任何地方你也能夠放鬆，只是不要花力氣去讓自己放鬆。
- 最快樂的人就是那些只有付出，而不希望得到任何回報的人。他們能享受到施捨的樂趣，以對人施惠為快樂，而以別人對他施惠為羞愧。
- 我們所感受的疲勞，絕大部分是由於心理因素的影響而導致的。純粹由生理原因引起的疲勞，其實非常少見。
- 不要害怕別人怎麼說，只要你自己心裡知道你是對的就行了。避免所有批評的唯一方法，就是做你心裡認為正確的事情，因為「做也該死，不做也該死」，無論如何都是會受到批評的。

用微笑來面對生活

微笑著面對生活是十分必要的，因為微笑彷彿永遠都在說著：「我喜歡你，你使我覺得快樂，我很高興看到你。」

——戴爾・卡內基

用微笑來面對生活，那麼你會感到生活中充滿了溫馨，世界也有了更多的安全感。假如你心情抑鬱，那麼請記住美國一位著名策劃專家的話：「用微笑的習慣打掃你抑鬱的心情吧！」

笑對一個人的生活有著很大的影響。它關係著我們的健康，我們的心情，影響著我們與他人的溝通，我們事業的成敗，我們生命的意義。

印度大文豪泰戈爾說過：「世界上的事情最好是一笑了之，不必用眼淚去沖洗。」

英國詩人雪萊說過：「笑，實在是仁愛的表現，快樂的源泉，親近別人的橋樑。有了笑，人類的感情就溝通了。」

英國戲劇家莎士比亞說過：「善說笑話的人，往往有先見之明。心裡最好永保快樂，如此就能防止百害，延長壽命。」

德國革命家李卜克・內西說過：「對付殘酷的貧困，只有唯一的一個辦法，那就是笑。誰要是因爲窮而鬱鬱不樂，那就是貧困已經把他抓住，並把他吞噬下去了。」

法國作家福樓拜說過：「一陣爽朗的笑，猶如滿室黃金一樣炫人耳目。」

捷克民族英雄伏契克說過：「應該笑著面對生活，不管一切如何。」

還是開心地笑吧，「不要使冰霜結在你的臉上」。這是每個人都應該有的對待生活的態度。我們忙忙碌碌地生活在這個世界上，每一天都承受著巨大的生存壓力，我們要維持自身和家庭的生活水準，我們要面對生老病死的困擾，我們要和形形色色的人打交道……如果我們不懂得調節自己的心情，苦惱、憂愁、煩躁、憤怒、痛苦等不良的情緒就會嚴重地損害我們的身心健康。就像老話說的，「愁一愁，白了頭」。而最好的自我調節方法就是笑，就是樂觀地生活，就是養成樂觀生活的好習慣。

經常保持愉快的心情，笑口常開，能使肌肉變得柔軟，使身心極度放鬆，在此狀態下，很難陷入焦慮的狀態。只要你笑，你就會多一分輕鬆，對這個世界就會更有安全感。笑對一切，樂觀向上，是成熟的處世態度，有利於我們走向成功。笑代表了一種樂觀的生活態度，是對人對己的寬容大度，是不計較得失的坦然自若。強笑、裝笑、皮笑肉不笑，甚至不懷好意的奸笑，得意忘形的狂笑，溜鬚拍馬的諂笑……這些雖也是「笑」，卻不是我們所需要的。

「愉快的笑聲，是精神健康的可靠標誌。」讓我們記住：笑對一切，樂觀生活。用微笑和樂觀的心態來面對人生，體會生活，我們會感到每一天都快樂而充實。

要快樂地生活，就要學會擺脫繁雜生活的束縛。只有一身輕鬆，心情才會更好。

古人早就指出：「世味濃，不求忙而忙自至。」所謂「世味」，就是塵世生活中為許多人所追求的舒適的物質享受，讓人羨慕的社會地位、顯赫的名聲等。「世味」一「濃」，人就會像被鞭子抽打的陀螺，或拚命打工，或忙於應酬、奔波……你就會發現自己很難再有輕鬆地躺在家中床上讀書的時間，也很難再有與三五朋友坐在一起聊天的閒暇。你會忙得忘記了自己孩子的生日，你會忙得沒有時間陪父母敘敘家常……

「只有簡單著，才能快樂著。」

不奢求華屋美廈，不垂涎山珍海味，不追時髦，不扮貴人相，過一種簡樸素淨的生活。也許不如人，但可以過上內心充實富有的生活，這時，你會感到輕鬆快樂。因為這是自然的生活，有勞有逸，有工作的樂趣，也有與家人共用天倫的溫馨、自由活動的愉悅。還用去忙裡偷閒嗎？當然不用了，這時你也正是「世味淡，不偷閒而閑自來」。

簡單而樂觀地生活吧，因為快樂為我們趕走了許多欲求不能滿足的煩惱，為我們開拓了許多身心解放的快樂空間！

擺脫心靈的束縛，簡單而充實地生活，讓歡笑灑滿你的每一天，我們怎會不快樂呢？

保持自我本色

尋找自我，保持本色，大凡成功的人都是如此。

——戴爾·卡內基

卡內基說：「讓我們不要模仿別人。讓我們找到自己，保持本色。」

由於卡內基的書在整個美國備受歡迎，許多出版商紛紛找他約稿，源源不斷的稿酬使他積累了許多財富，同時也使他有了更多的機會外出度假或自由旅行。一九三八年十月，由於工作勞累，卡內基想外出旅行。然而，他的富有並沒有改變他以往節儉的生活習慣，他仍然保持自己的本色，所以，他在遊艇上一點也不引人注目。

但是他度假的消息還是被一些記者知道了，他們便尾隨而來。記者先到一等艙去尋找卡內基先生，然而他們失望了。他們發現了幾個有著富翁模樣的人，但都不是他們想要找的卡內基。記者終於在二等艙的餐廳裡遇見了正在進餐的卡內基，抓拍幾張快照後，便上前去與卡內基交談起來。令記者感興趣的是他吃的飯並不算很豐盛，雖然他很富有。卡內基微笑著說道：「節約是一種美德，也是我的一個重要致富方法。我雖然有了錢，但並不會去浪費。即使我擁有全世界的財富，我也不會浪費一分一毫。」卡內基先生一生都保持著節儉的作風，保持自己

的本色。

在一篇散文裡有過這樣的一段話：在每個人的教育過程中，他肯定會在某個時期發現，羨慕他人其實就是無知，模仿其實就是自殺，無論是好還是壞，他必須保持本色。

是的，一個人想要集他人所有的特點於一身，是愚蠢而荒謬的行爲。我們每一個人身上都有別人希冀得到的東西。我們每一個人都是太陽底下的一個新生事物，都應該呼吸一分屬於自己的氧氣、佔有一分屬於自己的空間，

有句話說得好，人生就像在下一盤棋，那些死碰硬拚者是註定要失敗的，而那些深謀遠慮者才有可能獲得成功。我們只有尋找自身特點，保持本色，巧妙應對。

如是你不能成爲山頂的一株松，就做生長在山谷中的一棵小樹；如果你不能成爲一棵樹，就做一叢灌木；如果你不能成爲一叢灌木，就做公路旁的一片綠草，讓公路上也有幾分歡娛。

曾有一位女孩，她多才多藝，人也長得秀氣，一雙眼睛小而有神。有人常常勸她去做個雙眼皮，這樣她的眼睛會顯得大一些。但是每當別人和她說這個的時候，她總是把自己的眼睛瞇得更小，笑著回答：「那樣世界上豈不是少了一個小眼睛的可愛女孩？」

其實，我們要感謝那些保持著質樸本色的人們，他們的存在讓我們懂得了：在這個追逐新

潮、注重包裝的時代，我們仍然能夠選擇一種質樸的生活，留住屬於自己的真實和獨特。一個人的生活是否快樂，完全取決於個人是怎樣看待事物的。我們要培養快樂的心理，尋找自我，保持本色。我們每個人都有自己的缺點和優點，所以我們沒有必要去模仿別人。

卓別林在剛開始拍電影時，那些電影導演都堅持要卓別林去學那個時候非常有名的一個德國喜劇演員，但卓別林卻是在創造出一套自己的表演方法以後，才開始成名的。鮑勃・霍伯也有著相同的經驗。他多年以來一直在演歌舞片，但是卻毫無成績。一直到他發現自己有說笑話的才能之後，他才開始成名。威爾・羅吉斯在一個雜耍團裡，不說話光表演拋繩技術，做了好多年後他才發現自己在講幽默笑話上有特殊的天分，他也因此而成名。瑪麗・瑪格麗特・麥克布蕾剛剛進入廣播界的時候，想做一個愛爾蘭喜劇演員，但是她卻失敗了。後來她發揮了自己的本色，做一個從密蘇里州來的、很平凡的鄉下女孩子，結果她成為紐約最受歡迎的廣播明星。

由此可見，在追求人生目標的過程中，我們要認清自己的本色，這是一種智慧，更是一種人生的選擇。我們不僅要相信自己，無論面對什麼困難與失敗，都必須走下去，絕不後退，直到成功；而且我們還要尋找自我，保持本色，只是這樣才能在追求人生目標的路上認清自我，獲取成功。

有人曾說，一般人只發現了自己百分之十的潛在能力。他寫道：「如果我們這樣，只等於醒了一半；對我們身心兩方面的能力，我們只使用了很小的一部分。每個人都具有各種各樣的能力，卻習慣性地不懂得怎麼去利用。」

卡內基曾經收到一封由伊笛絲・阿雷德太太從北卡羅來納州艾爾山寄來的信。「我從小就特別敏感而靦腆，」她在信上這樣說，「我一直很胖，而我的一張臉使我看起來比實際要胖得多。我有一個很古板的母親，她認為把衣服弄得漂亮是一件非常愚蠢的事。她總是對我說：『寬衣好穿，窄衣易破。』而且她總是照這句話來幫我選衣服。因此我從來不與別的孩子一起做室外活動，甚至還不上體育課。我非常害羞，覺得我跟其他的人都『不一樣』，完全不討人喜歡。

「長大了以後，我嫁給一個比我大好幾歲的男人，但是我並沒有因此而改變自己。我丈夫一家人都非常好，也都充滿了自信。他們就是讓我能夠懂得對與不對的那種人。我想盡自己最大的努力像他們那樣做，但是我怎麼也做不到。他們為了讓我能夠開朗些而做的每一件事，都只是令我退縮到我的『殼』裡去。因此我變得更加緊張不安了，躲開了所有的朋友，而且情形壞到我甚至怕聽到門鈴響。我知道自己是一個失敗者，但又怕我的丈夫會發現這一點。因此每當我們出現在公共場合時，我就會假裝很開心，但結果是我經常做得太過分。事情過去之後我常會為此難過好幾天，最後不開心到使我覺得再活下去也沒有什麼意義了。我開始想到自殺。」

是什麼改變了這個不快樂的女人的生活呢？只是婆婆隨口說出的一句話。「婆婆隨口說的一句話，改變了我的整個生活。有一天，我的婆婆正在談她怎麼教養她的幾個孩子。她說：『不管事情怎麼樣，我總會要求他們保持本色。』……『保持本色』……就是這句話！這個時候我才發現我為什麼會那麼苦惱了，就是因為我一直在試著讓自己適應一個並不適合我的模式。

「就在那一夜我整個人都改變了。我開始保持本色。我試著研究我自己的個性，自己的優點，盡我所能地去學色彩和服飾知識，儘量以適合我的方式去穿衣服，並且還主動地去交朋友。我參加了一個社團組織，它起先是一個很小的社團。他們讓我參加活動，把我嚇壞了。就在我每一次發言的時候，我覺得我增加了更多的勇氣。

「今天我全部的快樂，是我以前想都不敢想的。

「每次教育我自己的孩子的時候，我也總是把我從痛苦的經驗中所學到的東西教給他們：不管事情怎麼樣，總要保持本色。」

山不能失本色，失去了就滿目瘡痍；水不能失本色，失去了便混濁不清。同樣，人千萬不能失本色，失去了就丟失了人性，丟失了尊嚴，出賣了人格。因此，在人生的路上，我們要想出類拔萃、有所作爲，就必須始終保持自我的本色！

跟煩惱和憂傷說再見

學會對自己說：「這件事情只值得我擔一點點心，沒有必要去操更多的心。」

——戴爾．卡內基

在當今社會，爲已經過去的事情而憂傷和煩惱的人比比皆是，他們越陷越深，最終丟失了本應屬於自己的幸福。因此，我們要讓自己快樂起來，就要懂得放棄過去的煩惱和憂傷，以樂觀的心態面對新的生活，而不是沉湎於對往事的回憶，執著於逝去的憂傷……

懂得遺忘，是一個人獲得成功和快樂的關鍵。失戀帶來的痛楚、矛盾留下的仇恨、成功帶來的負荷、分歧帶來的爭吵、距離帶來的誤解、名利帶來的貪求與挫折……所有的一切，都是已經破碎的過去。只有把它們忘掉，才能更輕鬆地去生活。

一九五四年，巴西的男女老少幾乎一致堅信巴西足球隊會成為那屆世界盃賽的冠軍。然而，在決賽時，巴西隊卻意外地輸給了法國隊，沒能將那個金燦燦的獎盃帶回巴西。

球員們比任何人都明白足球是巴西的國魂。他們懊悔至極，感到沒臉回到祖國。他們知道，球迷們難免會辱罵、嘲笑和扔汽水瓶。

當飛機進入巴西領空的時候，球員們更加心神不安、如坐針氈。可是，當飛機降落在首都機場上，他們的眼前卻出現了這樣的景象：巴西總統和兩萬多名球迷默默地站在機場，人群中有一條橫幅格外醒目——「這已經是過去！」球員們頓時淚流滿面，低垂的頭抬了起來。

四年後，巴西足球隊不負眾望地奪得了世界盃冠軍。當巴西足球隊的專機進入國境時，十六架噴氣式戰鬥機為之護航。當飛機降落在機場時，聚集在機場上歡迎的人多達三萬左右。從機場距首都廣場的道路兩邊，自動聚集起來的人群超過一百萬。這是多麼激動人心的場面！

忘記大多數事情，而有選擇或下意識地記住一些事情，這使得人能夠及時地從那些不愉快的、可能會影響心情和健康的事情或記憶中解脫出來。而人一旦停滯在昨天、過去，往往會產生雜念，如痛苦、怨恨、嗔怒、不甘心等。所以，記住一句話：「別讓過多的東西捆住手腳，否則就只能被釘在框架裡。」

人的一生是個漫長的旅程，眼前的許多事情，在時間的長河裡都顯得那樣渺小，真正值得我們去做的不是怨恨，而是繼續創造。如果往事不堪回首，那就不要總去回頭。

一個老人買了一個精美的花瓶，用繩子捆好後背著往家走。路上繩子斷了，花瓶掉在一塊石頭上碎了。老人頭也不回地繼續前行。

一個過路的少年喊住老人，問他：「你不知道花瓶碰碎了嗎？」

老人回答：「我知道。」

少年又問：「那你為什麼不回頭看看？」

老人說：「已經碎了，回頭看又有什麼用呢？」

許多說出來的話、做出來的事都難以挽回，就像一個破碎的花瓶，不管做出什麼樣的補救措施，表現得多麼不情願，都改變不了它已經破碎的事實。人生之路是不可逆的，任何人都不可能重新選擇、重新來過。不管你多麼虔誠地沉浸在對失去事物的惋惜與痛苦之中，也於事無補了。因此，心胸豁達的我們，既然懂得事實不能改變，何不坦然接受呢？不再爲過去發生的事而後悔，不再讓那些已經過去、已經做過的事來影響我們的心情，不再讓煩惱和憂傷充滿我們的生活，那麼我們將得到整個人生的快樂。

享受施予的快樂

最快樂的人就是那些只有付出，而不希望得到任何回報的人。他們能享受到施捨的樂趣，以對人施惠為快樂，而以別人對他施惠為羞愧。

——戴爾·卡內基

卡內基的家人每一天晚上都會從聖經裡面摘出章句或詩句來複習，然後跪下來一齊念「家庭祈禱文」。

當卡內基離家之後，每年的耶誕節他總會寄一張支票給父母，讓他們買一點比較奢侈的東西。可是他們很少這樣做。當卡內基在每個耶誕節前幾天回到家裡的時候，父親就會告訴他又買了一些煤和雜貨送給鎮上一些「可憐的女人」——那些有一大堆孩子卻沒有錢去買食物和柴火的人。他們送這些禮物時也得到很多的快樂，就是只有付出，而不希望得到任何回報的快樂。他的父親和母親從來沒有到那裡去看過，或許也沒有人爲他們所捐的錢謝過他們，除了寫信。可是他們所得到的報酬卻非常豐富，因爲他們得到幫助別人的樂趣，而並不希望或等著別人來感激。

卡內基的父親和母親做到了這些，也使他們的內心得到了很多人無法追求的平靜。

在法國，有一個叫巴厘斯的人，這個人以乞討為生。經歷多年的乞討後，他對如何化裝、如何把握時機等乞討術都有了自己專門的研究，甚至出版了一本如何乞討的書。

當別人問他會不會對自己靠行乞賺錢而感到羞愧時，他這樣說：「不，我認為自己是在做一件很有意義的工作。我一生行乞，立志當一名『受』者，給別人提供『施』的機會，也就是給他們提供幸福和快樂。」雖說這個人是在強詞奪理，但他至少有一個聰明之處：他知道人們不光需要擁有，有時還需要施予。

不論貧富，有時施予確實能給人帶來快樂。

是的，人人都希望被愛，但心理學家指出，其實最大的快樂源於做一些顯露愛意的行爲，即施予。有時，被愛的重要性在於爲「愛者」提供了施予的機會。當我們愛別人的時候，我們在施予。當我們爲別人做了點事情後，我們會自覺心情舒暢。因此，在一段持久的婚姻關係中，應該讓雙方都有施予的機會。至於親情，情況亦如此。一個母親習慣於對孩子施予自己的愛，因此她非常快樂。但假如一朝雛燕羽翼已豐，並振翅飛翔時，母親會感到非常失落，因爲她失去了施予的對象，無法施予自己的愛。

「知恩圖報，施恩不圖報」，一直以來就是中華民族的傳統美德。人人都說施比受更有幸福感，但並非人人都明白其中的道理。施予是一種美德，不但對方得益，而且自己亦受惠。這不僅是因爲它令施者與受者關係更爲密切，令施者自覺做了點貢獻，從而增加施者的成就感，更因爲善良是很容易得到回報的，有時幫助別人實際上就是在幫助自己。

這是發生在美國西部的一個故事：

一個貧窮的小男孩勞累了一天，饑餓難當。於是，他決定向一戶人家討口飯吃。一位美麗的年輕女子打開房門，看到他饑餓的樣子，就倒了一大杯牛奶給他。

男孩問道：「我應該付多少錢？」

女子微笑道：「一分錢也不用付。我媽媽教導我，施以愛心，不圖回報。」

數年之後，那位女子得了一種罕見的重病，她被轉到大城市醫治，由專家會診治療。當年的那個小男孩如今已是大名鼎鼎的醫生了。當看到病歷上所寫的病人的來歷時，他馬上起身直奔病房，並一眼就認出來病床上躺著的正是當年那位免費給他牛奶喝的恩人。他下決心一定要竭盡所能來治好恩人的病。手術成功了。當醫藥費通知單送到這位特殊的病人手中時，她不敢看。因為她確信，治病的費用將會花去她的全部家當。最後，她鼓足勇氣，翻開了醫藥費通知單，旁邊的那行小字引起了她的注意：「醫藥費：一杯牛奶。」

我們經常會發現有些人做著一些對他人有好處，而對自己卻「毫無用處」的事情。我們也許會嘲笑他們，說他們傻。其實，他們才是真正聰明的人。向別人施予愛心，你終究會因此而得到回報，所以這也就等於向自己施予了愛心。而且，你施予他人的東西愈多，你所擁有的東西也會愈多。

俗話說「投之以桃，報之以李」，今天你幫助他人，給予他人方便，他也許不會馬上報答，但他會記住你的好處，也許會在你不如意時給予你回報。退一步來說，你幫助別人，他即使不會報答你的情誼，但可以肯定的是，他日後不會做出對你不利的事情。如果大家都不做不利於你的事情，這不也是一種極大的幫助嗎?所以，請保持一顆施予之心吧，在別人需要幫助的時候，伸出友愛之手。

生命最大價值的體現就是愛自己，也愛別人!這也是追求成功者需要具備的心態之一。懂得這一人生道理的人，往往掌握了通行於世界的交往準則，過著一種快樂的生活。

學會敞開心扉愛他人，對他人施予愛心，是一種善意的行爲，能避免我們產生會給自己帶來痛苦的仇恨思想或中傷他人的思想。因爲仇恨思想或中傷他人的思想是無法穿透我們用愛所鑄就的「盾牌」的，是無法穿透我們用愛所鑄就的「城牆」的。

曾經有一位著名的演員，他成名後，很多人都去找他，要他捐款。

一位可憐的老者找到他，傾訴自己的女兒得了白血病，無錢醫治，希望演員能給予幫助。演員慷慨地給了他一大筆錢。

可是後來人們告訴他，這位老者在撒謊，他女兒根本沒有得白血病。

演員沒有氣憤，反而欣慰地說：「我很高興，這世界上又少了一位得白血病的女孩！」

有些人一輩子都少有惱怒，一輩子都保持著心境平和的狀態，他們的生活很輕鬆、快樂、美好和幸福。這是因爲他們愛天下的人。

也有一些人，多年來一直對其他人懷有仇恨或深深的嫉妒，甚至還營造了一種充滿敵意的氛圍，這不僅使他無法充分地展現自己的才能，並因此破壞了自己的幸福，而且容易使對他有成見的人群起而攻之，這樣，他的整個一生都因此受到了束縛。

要知道，我們的各種能力唯有在身心和諧的情況下才能發揮到最佳的水準。當一個人對他人懷有不友善或仇恨的思想時，他就無法做好他的工作。所以，無論發生什麼，我們都應該去直面人生，用健康的、快樂的、樂觀的思想去直面人生，都應該滿懷希望，堅信生命中充滿了陽光雨露。傳播成功思想、快樂思想和鼓舞人心思想的人，無論走到哪裡都會敞開心扉，真誠地愛他人。他們是世界的救助者，是負擔的減輕者，他們始終用真誠和快樂去寬慰失意的人，安撫受傷的人，激勵沮喪洩氣的人。

學會給自己的心靈減壓

我們所感受的疲勞，絕大部分是由於心理因素的影響而導致的。純粹由生理原因引起的疲勞，其實非常少見。

——戴爾·卡內基

我們每個人都要學會給自己的心靈減壓。畢竟我們的心都是有一定限度的，不是所有的東西都可以裝進來。就像一個裝滿水的杯子，只有倒出裡面的水，才能再裝進其他東西一樣，心也需要這樣的「清空」。我們都是凡夫俗子，不可能遮罩掉一切會給心靈造成負擔的東西，所以，我們就需要經常地給心靈做個大掃除，放下一些應該放下的東西，減輕心靈的負荷，還原心靈的本真，體驗真正的快樂。

一個人覺得每天的生活不堪重負，沒有絲毫的快樂可言。於是，他就去請教一位德高望重的哲人。哲人把一隻竹簍放在他的肩上說：「你背著它上路吧，每走一步都要從路邊撿一塊石頭放在裡邊，看看是什麼感受？」那個人雖然大惑不解，可還是照哲人說的去做了。可剛走了幾百步，他就感到背負太重受不了了，因爲竹簍裡已經裝滿了沉重的石頭。「知道你每天爲什麼不快樂嗎？是因爲你背負的東西太沉重了，它已經使你的快樂喪失殆盡了。」哲人從竹簍裡一塊一塊地取出石頭，他說：「這塊是功名，這塊是利祿，這塊是小肚雞腸，這塊是斤斤計較……」當大半石頭被扔掉後，那個人背起竹簍走起路來感到很輕盈。

快樂是簡單的，只要你能放下。放下，就是要看得開。如果總是把不如意的事記在心裡，那只會讓自己更加的不開心。對一些不快樂的事情應坦然面對，波瀾不驚；對工作生活中的瑣事，該放手的就放手；對一些恩怨情仇，不再糾纏，不再爲自己增加無謂的煩惱……想開了，你會在剎那間感到莫名的輕鬆，並忽然有一種如釋重負的感覺，好像多少天來的苦悶和煩惱、失落和渺茫，一下子都煙消雲散了。這時，你已走出困境，感到一切都是那麼輕鬆美好。

放下，不是簡單地從背上放在地上，而是要真正地從心裡放下。只要卸下心靈的負累，即使肩負千斤也是快樂的。相反，硬扛心靈的重荷，即使一片鴻毛也能讓你不堪重負。

一個富翁背著許多金銀財寶到遠處去尋找快樂，可是走過了千山萬水，也未能尋找到快樂，於是他沮喪地坐在山道旁。一個農夫背著一大捆柴草從山上走下來，富翁說：「我是個令人羨慕的富翁。請問，我爲何沒有快樂呢？」

農夫放下沉甸甸的柴草，舒心地揩著汗水，說：「快樂其實很簡單，放下就是快樂呀！」看著農夫那快樂的神情，富翁在羨慕之餘，立刻茅塞頓開：自己背負沉重的珠寶，東躲西藏，老怕別人要、別人搶、別人暗算，整日憂心忡忡，快樂從何而來？於是他便把珠寶、錢物用來接濟窮人，專做善事，這樣愛的雨露滋潤了他的心靈，他也從中體味到了快樂的甘甜。

當下，我們很多人就像故事中的富翁一樣，一邊在極力追求快樂，一邊卻又在拚命追求身

外之物。結果是快樂沒有找到，反而讓身外之物壓得自己喘不過氣來。許多人以爲，金錢越多，地位越高，似乎自己的快樂也就越多。但事實上，這是一個悖論，越是追求這些，快樂似乎離得越遠。只有你真的放下追求的這些身外之物，你才能感到來自心底的最真實的快樂。所以，要想快樂，就必須懂得放下。

放下是一種感悟，更是一種心靈的自由。「放下就是快樂」，是一種頓悟之後的豁然開朗，一種重負頓釋後的輕鬆自如，一種雲開霧散後的陽光燦爛。只要你心無掛礙，什麼都看得開、放得下；只要你拋棄一些塵世的煩擾，留一片開闊的天地給心靈安個家，何愁沒有快樂的春鶯在啼鳴？何愁沒有快樂的泉溪在歌唱？何愁沒有快樂的白雲在飄蕩？何愁沒有快樂的鮮花在綻放？

放下就是快樂，讓我們去撥開眼前的雲霧，卸去心靈的枷鎖，從平平凡凡的生活中，體會暢快淋漓的歡樂，體會雲開霧散的豁然開朗。放下，是一種生活的智慧。放下壓力，活得輕鬆；放下煩惱，活得幸福；放下抱怨，活得舒坦；放下猶豫，活得瀟灑；放下狹隘，活得自在……

不讓批評之箭中傷你

不要害怕別人怎麼說，只要你自己心裡知道你是對的就行了。避免所有批評的唯一方法，就是做你心裡認為正確的事情，因為「做也該死，不做也該死」，無論如何都是會受到批評的。

——戴爾．卡內基

卡內基在青年會夜校的課程受到了廣泛的歡迎，贏得了較高的聲譽。但並非所有人都認爲卡內基課程是有效的和實用的，在卡內基課程不斷發展的同時，也遭到了一些非議和責難。

卡內基自己也在不斷地完善他在夜校裡的「卡內基課堂」。經過較長時間的實踐，卡內基認爲，他的課程不能只是沿用現在的形式，應當有所創新，讓自己的課程形成一個比較清晰的內容體系。因此，卡內基停止講課，躲到辦公室裡構思自己的課程安排，修改並制訂新的課程表。這個時候，他發現雖然只講授了所有課程的前三分之一，但學生們的演講技巧已經提高了，在談話方面也顯示出高超的水準；並且，在其他方面也獲得了不小的進步。

卡內基由此打定主意，要以接受能力爲課程基礎，繼而開設處理人際關係技能的課程，還有怎樣擺脫憂鬱的課程。

可是，正是由於一個晚上的停課，學生們不滿了，鬧到青年會的新主任那裡。那位中年女主任毫不客氣地教育卡內基：「先生，你必須記著：你的課程，學生們並不怎麼滿意。你不能如此懶惰，不要以為你現在能拿到三十美元一個晚上就很了不起！明天，我就可以讓你永遠告別青年會，如果你不能勤奮地工作的話！」

面對這樣的警告，卡內基並沒有什麼擔憂。他平靜地接受了因自己不上課而使學生產生不滿的事實，他知道問題出在哪裡，明白應該怎麼辦。此時的卡內基，又想到了「停止損失」法則。

卡內基認為，不要害怕別人怎麼說，只要你自己心裡知道你是對的就行了。避免所有批評的唯一方法，就是做你心裡認為正確的事情，當然，這些事情應是合法的。因為「做也該死，不做也該死」，無論如何都是會受到批評的。

林肯說：「只要我們不對任何的惡意做出反應，那麼這種事就會到此為止。」只要相信你自己做得正確，就不要在意別人怎麼說你。凡事要盡力而為，盡可能地忽略別人的批評對你造成的傷害。

當你被別人惡意批評的時候，你要記住，他們之所以這樣做，通常是因為你已經在某些方面有所成就，而且相當值得別人關注了。

一九二九年，美國教育界發生了一件大事。一位名叫羅勃・郝金斯的年輕學者

被任命為世界知名大學的校長，令人吃驚和不可思議的是，這位年輕人才剛滿三十歲。於是，英國各地的學者都紛紛前往芝加哥，一睹這位年輕校長的風采，而很多人則是懷著這件事是否屬實的想法來的。

其實，郝金斯引出的這一轟動效應是與他的年齡有著直接關係的，而且他的經歷也很不尋常。他畢業於耶魯大學，由於家境貧寒，他是半工半讀成才的。之前，他做過伐木工人，當過家庭教師，做過作家，甚至還賣過衣服。經歷了八年的創業奮鬥，他被任命為大學校長。

許多人都不能夠理解，為何任用如此年輕的人為一所名校的校長，一時間批評如潮，什麼樣的說法都有：有人說他太年輕、沒有經驗，有人說他缺乏教育觀念，甚至連報紙也加入到了批評的行列中，一時間，郝金斯被批評和指責所籠罩。

在郝金斯上任當天，一個朋友對他父親說：「我剛看到報紙上對你兒子進行猛烈攻擊的文章，他能承受得了嗎？」

郝金斯的父親不以為然地說：「不錯，他們的批評很惡劣，但是，請記住，從來沒有人會踢一隻死狗！」

有人曾說過：「庸俗的人從偉人的錯誤與失誤中會獲得極大的快感與成就感。」我們常看到許多人罵那些教育程度比他高或者在某一方面獲得成就的人，這是因為他們會從中獲得很大

的滿足感。因此，我們根本沒有必要理會那些無聊的批評。

就是因爲郝金斯的成熟突出，以至於引起了大家的嫉妒，儘管許多人批評指責他，但他對此置之不理，正向他父親所說，「從來沒有人會去踢一隻死狗。」

有位著名的話劇界大師，也曾是在別人的批評中獲得成功的。在當時，有齣不太受歡迎的戲劇上演，所以許多劇院都將其從節目中刪掉，因爲他們覺得無利可圖。

這位大師憑著多年的經驗，認爲這齣戲劇只要稍加改動，便會大受歡迎。於是他不顧別人的勸告，花了一大筆錢將劇本買下。當時他的朋友們都勸他不要做傻事，許多同行也笑他是白癡，但是他都不以爲然。他回到家，仔細研究該劇的內容，開始改臺詞、改佈景等。結果，當這部被改動過的戲劇首演時，贏得了觀眾們如潮的好評，從此，這部戲劇也名聲大起，聲名遠揚，每天來觀看這部戲劇的觀眾絡繹不絕。就連之前嘲笑過他的人都不得不佩服他的成就。

雖然我們不能阻止別人對我們進行不公正的批評，但我們卻可以做一件更加重要的事情：我們可以決定是否讓自己受那些不公正的批評的干擾。

卡內基認爲，即使別人對你說了一些無聊的閒話，或欺騙了你，你也千萬不要沉溺在自憐中，而要盡自己最大的可能去做事，努力實現自己的理想。

因此，面對無情的批評，我們自己要做好選擇，對正確的批評，我們應虛心接受，對於惡意的批評，我們不妨付之一笑，不受其影響，將批評作爲自己前進的動力，而絕不要讓批評之劍傷害到自己。

第七篇

提高敢想敢做的行為能力

【戴爾・卡內基智慧】

● 不為明天做準備的人，永遠也不會有未來。

● 成功需要挑戰，挑戰對我們來説並不可怕，就看你是否有勇氣迎接自己面臨的挑戰了。

● 只有行動才能證明一切，只有行動才會有成功。也許你行動了並沒有成功。但是，可以肯定的是，不行動，絕對不可能成功！

● 做自己喜歡的工作，成功的機會就會大一些。

● 今天我要制訂計畫。我要計畫每小時要做的事。可能不能完全遵行，但我還是要計畫，為的是避免倉促及猶豫不決。

● 一個人之所以會成功，是因為他鎖定了一個目標。明確、堅持還持續不斷地瞄準它前進，終究會實現目標的。

● 要冒一次險！整個生命就是一場冒險。走得最遠的人，常是願意去做，並願意去冒險的人。

● 有的人愛說目標很難達到，那是由於他們的意志薄弱所致。

● 障礙與失敗，是通向成功的兩塊最穩靠的踏腳石。

● 生活中最重要的，就是不要以你的收入為資本，任何一個傻子都會這樣做。真正重要的，是從你的損失中受益。

積極行動是成功的基礎

只有行動才能證明一切，只有行動才會有成功。也許你行動了並沒有成功。但是，可以肯定的是，不行動，絕對不可能成功！

——戴爾・卡內基

要想做成某件事，並不是說說而已，是需要自己用行動去實現的。當機會出現在眼前時，若能牢牢抓住，則很容易獲得成功。替自己找尋機會的人，更容易獲得勝利。

著名演講大師齊格勒曾經說過這樣一個例子：世界上最大的火車頭停在鐵軌上，為了防滑，只需在它的驅動輪前面塞一個小木塊，這個龐然大物就無法動彈了。但是一旦它動起來，這小小的木塊就再也擋不住它了。當它的時速達到最高時，一堵很厚的水泥牆也能被它撞穿。火車頭的威力變得如此強大，只在於它動起來了。

人也如這巨大的火車頭。當我們只是空想而不付出行動時，就像火車停止了，無法動彈。但是一旦我們開始行動，便會產生巨大的力量。

的確，有時候成功離我們很近。我們要學會去開啓這扇成功之門，而開啓這扇門的鑰匙，則是我們的行動。

美國著名作家馬克・吐溫的長篇小說《鍍金時代》裡，有一個名叫塞勒斯的上校。這位先生能夠在美國發財的狂熱聲中，興高采烈地大談「空氣中抓一把就是錢」，但他本人卻空想了一生，也沒有發財。他待客的餐桌上經常是一盆生蘿蔔，他的壁爐裡也生不起火，只點一支蠟燭在裡面裝裝門面而已。

一味空想而不付出行動，再美好的夢想終是黃粱美夢。像塞勒斯這樣的人物大有人在，他們大多只會空想，只說不做，因而錯過了許多很好的機會，最終一事無成。行動就像是長期的投資，而成功則是對長期投資的一次性回報。成功始於行動，不斷地追求成功，才是生命的真諦！

拿破崙・希爾說得好：「成功的秘訣是行動，立刻去做！」這話已被眾多事業成功者的經歷所證實。美國一位著名企業家早年由於自己的無知和過錯，失去了家庭和工作，隻身一人四處漂泊，尋找出路。

後來，他從拿破崙・希爾那裡得到了啟示，於是重新振作起來，從零開始做

起。經過十五年的奮鬥，他由一個無家可歸的流浪漢變成兩家企業的總裁和知名商業雜誌的主編。他還寫了自己的書籍，並一度成為暢銷書之一。

下定決心並積極採取行動，才能得到你所追求的東西。

人生似一杯清茶，只有細細品味，才能體會它的清香；人生似一束鮮花，只有仔細觀賞，才會看到它的美麗；人生似一次旅行，只有親身經歷，才能體會它的美妙。人生的清香、美麗、美妙，都需要我們用行動去獲得，用行動去感知。成功始於行動，成功只屬於有準備的人，我們每一個人都要積極努力，將理想付諸於行動，迎接成功的到來。

成功不是空想，請立刻行動！只要腳踏實地，從現在做起，相信你的未來並不是夢。

人人都夢想成功，但為什麼很多人一輩子都沒有成功？是因為他們不知道成功的方法嗎？不是。人類社會發展的今天，很多精英已經積累了豐富的成功經驗，總結出了足夠多的成功方法。那麼今天為什麼還有那麼多的人總是無法獲得成功呢？因為這些人沒有行動，沒有按照成功的方法去做，僅僅知道成功的方法並不等於成功。生活需要行動、需要付出，只有這樣才能實現自己的願望。

在生活中，有許多人都擁有自己的理想，在他們中間，一部分人是整日把自己的理想掛在嘴邊而從未付諸行動，而另一部分人則是默默無聞地為自己的理想而奮鬥著。

如果沒有愛迪生的話，我們現在也許依然點著蠟燭過夜。他在發明電燈的時候，失敗過一次又一次，但是，他沒有放棄，而是堅持做這項試驗。後來，終於有一天，他成功了，世界上第一隻電燈泡被他發明出來了。從此，我們不再點著蠟燭過夜了。如果愛迪生當時僅僅只有發明電燈泡的想法而沒有親身去實踐、去創造，那麼他是不可能成功的。

當你有一種信念之後，就要把它付諸行動，而這個過程也能幫助你堅定自己的信念。當你養成制定目標、實現目標的習慣之後，你就很可能取得連自己也想不到的成就。

林肯小時候，他的父親以較低的價格買下了一個農場，之所以價格較低，是因為地上有很多石頭。

林肯的母親建議把石頭搬走，但他的父親卻說：「如果這些石頭可以搬走的話，那原來的農場主早就搬走了，他也就不會把農場賣給我們了。這些石頭都是一座座小山頭，與大山連著，哪裡搬得完呢？」

有一天，當他的父親進城買馬時，母親就帶著他們挖那一塊塊石頭。沒用多長時間，他們就把石頭搬光了。因為這些石頭並不像父親想像的那樣，是一座座小山頭，而是一塊塊孤零零的石塊。只要往下挖一挖，就可以把它們晃動。

如果不去行動，那麼這些本可以輕易搬動的石頭就會永遠留在農場裡成爲障礙物，因此，很多的事情應該通過自己的實際行動來判斷可不可以成功。

這個世上從來沒有無緣無故的成功。任何成功都是先從「想」開始的，但是光想自己的未來而不付出行動，就等於根本沒有未來，更不會獲取成功。幾乎所有成功者的行動都遠遠大於他們的思考，思考只是萬事的開頭，而最終要實現自己的想法則需依靠行動。只有不斷地行動，行動，再行動，才能真正地成爲成功者。

找到適合自己的位置

做自己喜歡的工作，成功的機會就會大一些。
——戴爾・卡內基

有句名言說：「東西放對地方是資源，放錯地方成垃圾。」人才也是一樣，放對地方是人才，放錯地方成冗員。即使是金子也要在合適的地方才能將光芒展現於人，可以說，選對環境對於一個人事業的發展至關重要，因此，你必須根據自己的實際情況選擇好能「發光」的地方。

你要根據你的天賦、愛好來選擇適合自己的行業，比如，性格活潑開朗、喜遊四方，碰到陌生人能說會道的人比較適合做推銷員、業務員、公關人員。如果將他們放在研究室、電腦室，那麼他們一定痛苦不堪，難以久待，即使勉強工作，也是無精打采，度日如年。相反，一個內向、害羞，不喜與陌生人打交道的人去從事拓展業務、建立人際關係的工作，也往往會張惶失措，心煩意亂，難有作爲。

有很多人很有才能，但是不懂得分析形勢，不是投錯了「買家」，就是拜錯了「廟門」，最後使自己一身的本事不能施展，進而影響了自己的前途。

魯國有一戶姓施的人，他有兩個兒子，大兒子好學，二兒子好戰。好學的兒子

用自己的學問到齊侯那裡去遊說，齊侯就接納了他，讓他做公子們的老師。好戰的兒子到了楚國，用自己所學的東西去向楚王遊說，楚王很高興，讓他做了管理軍事的官吏。兩個兒子得來的俸祿使他們一家人衣食富足，父母也跟著享受榮華富貴。

施家有一位鄰居，姓孟，也有兩個兒子，與施家兩個兒子一樣，他們倆也是一個好做學問，一個好作戰。他們家也很貧困，在向施家請教方法後便也決定照著去做。

孟家大兒子來到了秦國，用自己所學的儒學知識向秦王遊說。秦王聽了卻說：「當今各國用武力相互爭鬥，所努力追求的不過是足食足兵而已。如果用仁義治理我的國家，這不是要自取滅亡嗎？你用你那破理論來蒙蔽我，膽子可真不小啊！」於是秦王將他趕走了。

二兒子用他所學的知識去向衛侯遊說，宣傳好戰思想。衛侯說：「我們國家十分弱小，夾在各個大國之中。面對大國我們唯唯諾諾，面對小國我們極力安撫，這樣才能求得今日的平安。如果用戰爭去對待各個國家，這不是飛蛾撲火嗎？如果讓你安然離開，你就會到別國去遊說，別國如果採納了你的主意，就會來攻打我，我們的禍害就來了。」於是衛侯命令手下人割下了他的舌頭後才把他送回國去。

孟氏一家人求福得禍，痛哭不已，於是來到施家，責備施家騙了自己。

施家的人說：「一個人你行為合於時宜就會得福，違背時宜就會招禍。你們家孩子所學的和我們家孩子的一模一樣，結果卻相反，這是違反時宜的緣故，並不是你的行為荒謬呀！天下的道理沒有永久不變的，以前所用的，現在或許要丟棄；現在拋棄的，將來或許要用它。這種用與不用，不是永恆的。如果一成不變，即便像孔丘那樣博學，像呂尚那樣善於計謀，也要落得個失敗的下場。」

同樣一種理論，同樣一種方法，在甲地行得通，在乙地就行不通，這是不奇怪的。因爲甲乙兩地情況不同。齊國強盛，無人敢欺，齊侯急需的是國內治理之方，因而仁義道德的治國之術正合齊侯的胃口。楚國志在拓展疆土，臣服列國，稱雄天下，欲與秦一爭高低，軍力的擴張正是楚王夢寐以求的。施氏二子，各自選準了對象，選準了發揮才能的舞臺，因而都有好結果。孟氏二子就不夠聰明，一個人到一心想要以武力統一天下的秦國兜售仁義道德，讓他們放下武器講仁義，豈不是自討苦吃、自尋沒趣？同樣，另一個人到在夾縫中苟且偷安的衛國宣傳強兵之策，當然也得不到歡迎。

這就是沒有爲自己選對發揮才能的舞臺的結果。

我們要從對方的需要出發，實現自己的價值。瞭解他人興趣的能力，是我們取得成功所應具備的重要能力。如果只考慮自己的偏好，企圖將自己認爲好的東西強加於人，這樣往往難以成功；相反，如果懂得從他人的興趣及需求出發來考慮問題，找對適合自己發揮才能的地方，

就相當於摸到了成功的門徑。

有這樣一個故事：

小螳螂長得很威武，但牠不想一輩子在田野裡捉蟲子，牠總想去學一些高難度的技術。牠對媽媽說：「媽媽，我想學武術。」

於是螳螂媽媽把小螳螂送到了武術教練猴先生那裡。

猴先生想先看看小螳螂的腿腳功夫如何，就讓牠和自己的弟子比試了一場。誰知，剛試了幾下，小螳螂就被打傷了一條腿。

牠被送進了醫院，猴先生說：「孩子，好好養傷，等你把傷養好了再來跟我學武藝。」

可小螳螂說：「師傅，看來我不是學武術的料，我想改行當木匠。」

小螳螂的傷養好了，牠又拜木匠熊先生為師。熊先生看見小螳螂有一對大刀，很是威風，就收留了牠。熊先生先讓小螳螂鋸幾塊木板看看，小螳螂鋸呀鋸啊，鋸了一天也沒有鋸開一塊木板。

熊先生不高興了，說：「你是怎麼回事？做事可不能裝樣啊！」

小螳螂說：「師傅，看來我也不是做木匠的料啊！」

牠告別了熊先生，垂頭喪氣地回了家。

螳螂媽媽正在田野裡捉蟲，看見了學武歸來的兒子，高興地迎了上去，說：「孩子，你學到了什麼本領？」

小螳螂低下頭吞吞吐吐地說：「媽媽，我……什麼也沒學到，我還是想跟您學捉蟲。」

螳螂媽媽說：「對，咱們螳螂就應該學捉蟲，要是將來你成為一名捕蟲能手，那多有出息呀！」

從此以後，小螳螂就專心地跟著媽媽學捉蟲，後來真的成為一名捕捉能手。

可見，一個人的才能是成功的基礎，而找對發揮才能的環境則是成功的關鍵，有時候我們要通過自己的分析去判斷、去選擇環境；有時候，我們也要根據環境去改變自己，調整自己，讓自己的才能更適合環境。

把信心和實際行動結合

一個人之所以會成功，是因為他鎖定了一個目標。明確、堅持和持續不斷地瞄準它前進，終究會實現目標的。

——戴爾·卡內基

有人說：「信心使不可能成爲可能，使可能成爲現實，信心可使人從平凡走向輝煌。」當我們滿懷信心地對自己說「我一定能成功」時，成功也就不太遙遠了。但是，光有信心還是遠遠不夠的，還必須把它真正付諸行動才行。

有句話說得好：「功到自然成！」這個「功到」其實隱含的正是行動的意思。可見，一個人要想取得學業或事業上的成功，就必須把信心與實際行動結合起來。

著名作家狄更斯平時就很注意觀察生活、體驗生活。不管是颳風還是下雨，他每天都堅持到街頭去觀察、諦聽，記下行人的隻言片語，積累了豐富的生活資料。這樣，他才在《大衛·科波菲爾》中寫下精彩的人物對話，在《雙城記》中留下逼真的社會背景描寫，從而成爲英國一代文豪，取得了文學事業上的巨大成功。

愛迪生曾花了整整十年去研製蓄電池，其間不斷遭受失敗的他一直咬牙堅持，經過了五萬次左右的試驗，終於取得成功，發明了蓄電池，被人們授予「發明大王」的美稱。

狄更斯和愛迪生就是在具有信心的基礎上，採取了一定的實際行動，才取得成功的。信心與行動，使狄更斯爲人們留下了許多優秀著作，也爲世界文學寶庫增添了許多精品；信心與行動，使愛迪生攻克了許許多多的難關，爲人類的進步做出了不可磨滅的貢獻。可見，信心與行動結合之後往往能夠使人取得事業和學業上的成功。

有信心有把握是好的，但有信心不等於就能成功，有信心的同時再有一定的行動才能成功。人類歷史上傑出的人物，並非個個都是天才。他們往往能挖掘自己的潛力，在正確認識自己的基礎上產生信心，正是這種堅定的信心，使他們不畏艱難險阻，在任何情況下都能使自己處於最佳狀態，並把全部的能力都發揮出來。

要改變自己目前的現狀，要讓自己更有自信，要讓自己做事更有成效，就必須樹立信心，採取有效的行動。

瑞典一位化學家在海水中提取碘時，似乎發現一種新元素，但是面對這煩瑣的提煉與試驗，他卻退卻了。當另一位化學家用了一年時間，經過無數次試驗，終於為元素家族再添新成員——溴時，那位瑞典化學家只能默默地看著對方沉浸在成功的喜悅之中。這兩位化學家，一位行動了，取得了成功；另一位卻沒有付諸行動，未能取得成功。可見，行動往往是取得成功的基礎。

在許多成功者的身上，我們可以看到超凡的信心與實際行動所起到的巨大作用。這些在事業上取得成功的人，在信心的驅動下，敢於對自己提出更高的要求，並在失敗的時候看到希望，重整旗鼓，最終獲得成功。在通往成功的路上，信心與行動是我們必不可少的工具，它可以幫助你走過一條條不平坦的道路，剷除阻礙我們前進的荊棘。

數千年來，人們一直認為要在四分鐘內跑完一英里是件不可能的事。不過，在一九五四年五月六日，美國運動員班尼斯特打破了這個世界紀錄。他是怎麼做的呢？每天早上起床後，他便大聲對自己說：「我一定能在四分鐘內跑完一英里！我一定能實現我的夢想！我一定能成功！」這樣大喊一百遍之後，他就在教練的指導下，進行艱苦的體能訓練。終於，他用三分五十六秒六的成績打破了一英里長跑的世界紀錄。

班尼斯特為什麼能打破世界紀錄？因為班尼斯特有信心，他相信自己能打破世界紀錄，並且付出了行動。

信心使人有了無窮的力量，有了行動的動力，堅定的信心和有效的行動能促使人走向成功。所以，我們應堅信：只要把信心與行動相結合，一切的努力將獲得回報。

要創機遇不要等運氣

一個人之所以會成功，是因為他鎖定了一個目標。明確、堅持和持續不斷地瞄準它前進，終究會實現目標的。

——戴爾・卡內基

成功的機會對每個人都是均等的，但是它不會主動地降臨到任何人的頭上。機遇也從來不是偶然得來的，必須在一步一步的追求中全力以赴地去捕捉。要想獲得機遇，你就必須主動伸出你的手去抓，你就得行動起來，爲機遇的到來做準備。

當今社會，競爭日益激烈，想找到一份好工作，成了人們心中熱切渴望的事情，特別是那些初出校門的大學生們，他們初入社會，經驗不足，有的很有才能，但由於就業觀念陳舊，讓機遇一次次地從身邊溜走。

愚者總是說：「只要給我一次機會，我一定會成功。」但是幸運之神好像不大青睞他們，有的人等了好幾年，也沒有人給他們成功的機會；智者總是相信機遇是個人創造的，從來沒有什麼救世主會來幫助自己，所以他們總是積極地做好準備，創造條件，一旦時機成熟，便會脫穎而出，走向成功。

世界酒店大王希爾頓，早年追隨掘金熱潮到丹麥掘金，他沒有別人幸運，沒有掘出一塊金

子，可他卻得到了上天的另一種眷顧。當他失望地準備回家時，發現了一個比黃金還要珍貴的商機，也迅速地把握住了它。當別人都忙於掘金之時他卻忙於建旅店，他頓時成為有錢人，這也為他日後在酒店業取得成功奠定了基礎。

同樣，人人皆知的中國首富李嘉誠，他的成功在於對時機的準確把握。改革開放初期，社會還相對落後，土地也沒有像現在這樣「寸土必爭」。但就是在這樣的環境下，李嘉誠把握住了商機，在自己並不富裕的情況下借鉅款購買了大量的地皮。這樣的舉動需要多大的勇氣和智慧啊。也正是這次常人想都不敢想的投資使他發家立業，成為亞洲地產大亨。

在現實生活中，我們經常會聽到一些人抱怨自己運氣不好，他們怨天尤人，怪罪父母沒有給自己創造好條件，感慨生不逢時，感慨成功者趕上了好時候、好地方……然而，除了抱怨和暗自辛酸以外，他們沒有為自己做任何事情。這樣的人，不會創造機遇，只會消極等待。著名劇作家蕭伯納曾說過一句非常富有哲理的話：「人們總是把自己的現狀歸咎於運氣，我不相信運氣。出人頭地的人，都是主動尋找自己所追求的運氣；如果找不到，他們就去創造運氣。」

翻開人類奮鬥的史冊，我們可以看到，有的人因為抓住了機遇或創造了機遇而「柳暗花明又一村」，正摘取著成功的桂冠；有的人因為與機遇擦肩而過，還在「山重水複疑無路」，甚至為錯過機遇而抱憾終生。

機遇從來不是偶然得來的，而是在一步一步的追求中全力以赴捕捉到的。要想獲得機遇，你就必須主動伸出你的手去抓，你就得行動起來，為機遇的到來做準備。人生中的許多機遇是自己創造的，如果一個人既會利用外界的機遇，又能自己創造機遇，那麼他獲得成功的可能性就很大，而且成功的程度也更高。如果說在漫漫的人生旅途中，一個人從未與機遇碰過面，那是非常罕見的。也許你的機遇一生只會降臨一次，也許它會無數次地來到你面前。機遇是屬於每一個人的。但是，你若不能及時地抓住它，它就會轉瞬即逝。所以，抓住機遇也是一種能力，它會幫助你在苦苦跋涉中來一次飛躍，讓你看到成功女神的微笑。

有人說：「機遇是金，稍縱即逝，不如我們就在家裡坐著等吧！」對，機遇是稍縱即逝，但是如果你想坐在家裡等機遇就大錯特錯了，等待機遇不如你自己努力去創造機遇快。

曾經有這樣一個窮人，整天躺在床上睡懶覺。有一次，他睡到中午時分，感覺外面的天氣非常好，就決定到外面曬曬太陽，於是他便倒在一塊大石頭上半睡半醒地躺著。

就在他似睡非睡的時候，忽然從遠處飄來一樣奇怪的東西，它渾身散發著五顏六色的光，渾身長滿了柔軟的腿，它很輕快地來到了這個窮人的旁邊，其實，它就是機遇。

「喂，你好！朋友。」機遇問。

這個窮人半睜開眼睛看了看，然後沒有說什麼便又閉上了眼睛。因為這個窮人很懶，他甚至懶得睜開眼睛看看這個來到他面前的機遇。當然，他也不知道這就是降

臨到他身上的機遇。

機遇不死心，便再一次問他：「你躺在這裡做什麼？」

窮人睜開眼看了看說：「我也不知道在這裡幹什麼，我在等屬於我的機遇。」

「那你知道機遇是什麼樣子嗎？」機遇還在試探他。

「當然不知道，因為我從來沒見過機遇。」窮人理直氣壯地說。

這個話題似乎引起了窮人的興趣，窮人接著說：「不過，聽他們說機遇是個寶貝，它如果降臨在你身上，你很可能就開始走運，不是升官就是發財。」

窮人想了想又說：「哈哈哈，還有可能娶個漂亮老婆，反正是天下所有美事都會來到你身邊。」

「嗨！你真是可笑，你連機遇是什麼樣都不知道，還怎麼等機遇呀？如果你相信我，我帶你去個好地方。」機遇說著就想拉著他一起走，可是窮人說：「你是誰呀？我才不去呢，我在這裡等我的機遇。」

最後，機遇實在沒有辦法了，只能很無奈地搖搖頭走了。

過了一會兒，一位老人來到窮人面前問道：「你抓住它了嗎？它剛才降臨到你身上了。」

窮人一聽急了，大聲問：「抓住什麼？是剛才那東西嗎？我也覺得它怪怪的，它是誰呀？」

老人摸了摸了鬍鬚，笑了笑說：「你不知道它是誰呀？它就是機遇呀！」

「天哪，我不知道是機遇，我把它放走了。」窮人後悔地說。

「那我現在就把它追回來。」窮人這回可是著急了。

老人說：「讓我來告訴你機遇是個什麼傢伙吧！機遇就是這樣，你不能坐著等它，你要自己去創造。只有這樣，它才會來。」

那窮人說：「那怎麼創造機遇呀？」

老人說：「聽我的，首先，站起來，永遠不要等！然後，做你自己能夠做的有益的事情，一直去做，肯定不會有錯。只有這樣，才有可能抓住機遇。」

由這個故事我們可以知道，只有努力去創造，機遇才會降臨到你的身上。

一個人要想成功，固然離不開聰明的頭腦和不懈的努力，但是，果斷地把握時機也非常重要。許多人總是喜歡感歎那些遇到好機會的人，但正如居里夫人所說：「強者創造時機，弱者等待時機。」時機雖然存在一些偶然的成分，但只要你能在這些偶然的成分中摻雜一些人爲的因素，又何嘗不能創造良機呢？當然，有創造就會有風險，在創造之前，你一定要有足夠的勇氣和心理承受力，去面對可能降臨的失敗。不過，更多的時候，你收穫的是時機帶來的成功！

勇於探索敢於冒險

要冒一次險！整個生命就是一場冒險。走得最遠的人，常是願意去做，並願意去冒險的人。

——戴爾・卡內基

常言道：「不入虎穴，焉得虎子。」這就是在告訴我們，做事要有一定的冒險精神。如若只是一味地墨守成規，那麼在事業上恐怕很難有所突破。古往今來成大事者，往往具有冒險精神。冒險會使生活更有激情，事業蒸蒸日上。對於企業家來說，冒險精神顯得尤爲重要。

首先，對於一位企業家來說，應該具有冒險精神。因爲在他們創業的道路上總是充滿了艱辛和變化以及其他不確定的因素。這就意味著每走一步都存在著風險，成功與失敗並存。如果能在面對風險時，表現出一種大無畏的精神，在新事物面前，表現出「敢爲天下先」的豪情，那麼成功就不再遙遠了。「不懼」的精神使他們擁有良好的心態以及廣闊的空間。在此種情況下，他們才能更科學合理地處置風險，運籌帷幄，取得全域的勝利。

其次，冒險也分很多種，根據人們對待風險的態度，可以將其分爲三類：保守型、中間型和激進型。通常，大多數人屬於保守型。作爲一個企業家，或多或少都有一些激進，同時兼具其他優良品質。不過在實踐中，冒險精神卻表現出不同的類型，一是本性冒險型；二是認知冒險型。前者多出於天性，這種冒險精神與生俱來，他們認為敢冒險才會有機會，才會實現自身的價值，冒險對於他們來說是一種樂趣，可以助其立於不敗之地。而後者則是在後天的實踐中培養起來的。這類人白手起家，經過艱苦的創業，歷經無數磨難後認識到，懼怕風險、不敢冒險才是最大的風險，他們對冒險有著深刻的理性認識。

不過，物質決定意識，環境影響心態。無論你是多麼出色的企業家，在人生的不同階段所具有的冒險精神，都會有所不同。在事業一帆風順的時候，冒險精神相對較弱。而在逆境與坎坷之中時，則會表現出強烈的冒險精神與堅忍不拔的品質。因此，雖然你已經獲得了成功，具備了冒險精神，但仍要經常錘煉自己敢於冒險的品質，以此來適應變幻莫測的市場。

最後，科學的冒險精神需要對風險進行管理上的完善。科學的冒險是建立在對事物的深刻認識之上的。只有對風險有所瞭解、分析與研究，才能科學地處置風險，大膽決策，在實踐中磨煉自己的品質。對於大部分的成功企業家來說，久經沙場的經歷，令他們具備了科學的冒險精神。在面對競爭激烈與變幻莫測的市場時，他們需要對風險做出科學的管理，進一步完善和昇華自己的冒險精神。

在進行科學的風險管理時，要注意以下幾個方面的內容。第一，不要懼怕風險。要從客觀上認識到風險的存在，利用科學的方法解決問題，不可「前怕狼、後怕虎」，要認識到有些風險是必須要冒的。第二，要做到認識和瞭解風險。只有充分認識到風險的存在，才不會在風險來臨時顯得措手不及、驚慌失措。第三，對風險進行衡量與分析。唯有如此，方可從更深的層

次確定風險的程度與發生的機率。第四，科學地處置風險，這是科學的冒險精神所要求人們必須具備的素質。其方法主要有三種：迴避、轉移以及控制。

當然，冒險精神是一個成功者必備的精神素養之一。但若是過分地追求刺激、追求新鮮，或者只是爲了冒險而冒險，那就不是冒險精神了，而是蠻幹。

從塑膠廠起家，依靠房地產構建了一個龐大王國的李嘉誠曾經說過：「沒有一座高樓大廈不需要地基的支撐，沒有一項成功不需要準備做基礎。」這正是他半個世紀以來所有成功經驗的精髓。可惜直到現在，還有很多人不能很好地理解這句話。

早在幾十年以前，李嘉誠當時所投資建設的一處樓盤，即將破土動工。爲了趕進度，李嘉誠將這個樓盤的東西兩區，分別交給兩個人負責完成。本來這兩個區是準備同時動工的，但由於東區的建築圖紙有一點細微的瑕疵需要修改，只得讓西區先開始動工。不知道東區負責人確實是爲了工期著想，還是害怕因西區的負責人比自己早完成而丟面子，於是他沒等圖紙修改完畢，就急著要動工了。

在他下達命令以後，也有不少人表示了擔憂，勸他拿到修改後的圖紙再開始動工，並表示這最多也就耽誤兩天的時間。但這個負責人是一刻也不願意再等了，他認爲圖紙的修改不會對挖地基有什麼影響，只有這樣做才能保證效率。可意想不到的是，兩天以後，他把圖紙拿回來一看，才發現圖紙上所標示的擴大停車位的地方，現在已經被挖了一個深深的大洞。本來想搶時間的負責人，這下可慌了手腳，他還要額外多付出人力物力，填補這個原本就不必挖的洞。

這種事情是瞞不住的，李嘉誠知道後，毫不猶豫地開除了東區的負責人，他說道：「毫無準備的蠻幹還不如不幹，任何企業都不會需要這樣的人。」「準備」這兩個字對李嘉誠來說，確實太深刻了，就像刻在他的心裡一樣。可以說，沒有「準備」，就沒有現在的李嘉誠。

李嘉誠之所以能夠成功，就是因為他從不蠻幹。就算是知道某些事情會有風險，他也會冒險去做，否則就不可能有所突破。但是他在做出決定以前，都是經過「準備」的，經過認真思量的，以防風險發生時，搞得自己手忙腳亂。

還有一點就是，創新並不能成為蠻幹的理由，創新是一個企業發展壯大的推動力，但是創新之前要經過合理的規劃，否則就會像無頭蛇一樣，難成氣候。

其實，蠻幹與冒險只存在一些細微的差別。蠻幹一般是不經過考慮，直接行事，也沒有考慮到後果的嚴重性。而冒險則是充分認識到事情可能發生的後果，並對將要發生的後果，做好了充分的準備，即使不能成功，自己的損失也不會太大。

冒險精神是一個人創業過程中不可或缺的品質，它能令我們抓住稍縱即逝的機遇，不斷地創造出新的輝煌。但同時我們也應認識到，作為一個成功者，僅有冒險精神是不夠的。依照辯證唯物主義的觀點，其所獲得的成功，是多方面因素綜合作用下產生的結果。比如性格特點、道德品質、社會責任感、領導能力以及機遇、運氣等。因此，我們在具備科學冒險精神的同時，培養良好的綜合素質，方能逐步成為一名真正的成功者。

努力實現自己的目標

有的人愛說目標很難達到，那是由於他們的意志薄弱所致。

——戴爾・卡內基

意志薄弱、不敢行動的人往往很難實現自己的目標。俗話說：「心動不如行動。」當一個人爲自己確立了發展的目標後，就要立即採取行動，爲實現自己的理想去努力，不要有任何的猶豫，更不能拖拉偷懶。很多時候，我們只有在行動中才能捕捉到成功的機會。一個人爲自己設想的目標再好，如果不去行動，那目標也只能存在於幻想中，永遠也變不成現實。智者善於用自己的行動來實現目標，他們絕不會坐著等待成功來敲門。只有愚者才心存幻想，希望好運突然降臨。所有的理想與夢想，所有目標的實現，都和行動是分不開的。

沒有行動，一切都是空談。如果有人問通向成功的捷徑是什麼?那就是立刻行動。

幾乎所有的成功者都是行動上的巨人。因爲不管事情如何，他們總是想好了就去做，計畫好了就行動，並養成凡事不拖拉的習慣。從什麼時候開始行動?現在，看到這裡時就去行動。因爲行動是一切結果之源。

有這樣一個寓言故事：

一個很落魄的青年，每天都去教堂向上帝祈禱，每次的祈禱詞都相同。第一次，他來到上帝面前，跪在那裡虔誠地低語：「上帝啊，請念在我多年敬畏您的分上，讓我中一次彩票吧！」

這樣一連數天，他都是垂頭喪氣地跪著祈禱：「上帝啊，為何不讓我中彩票呢？請您讓我中一次彩票吧！」

又過了幾天，他再次去教堂，同樣重複著說：「我的上帝，為何您聽不到我的祈求？讓我中彩票吧！只要一次就夠了。」

就在這時，天空中突然發出一個洪亮的聲音：「我一直在聆聽你的祈禱，可是，最起碼你也應該去買一張彩票吧！」

看過這個故事之後，你也許會會心一笑，可笑過之後，也請你想一想，思考一下，有時，我們是不是也在做著同樣的事情呢？到了不得已的時候，才願意行動，但到那個時候往往已來不及了。

作爲一個有理想，有目標的人，一旦有了夢想，就必須用行動去實現夢想。如果有夢想而沒有努力，有願望而不付諸行動，那麼我們很難實現夢想。只有下定決心，經過學習、奮鬥、成長的歷程，才能摘下成功的甜美果實。

行動是一切結果之源。人生的道路沒有一帆風順的，總是佈滿著坎坷與荊棘。但是，只要

你有目標，只要你有為目標奮鬥的切實行動，那麼，你一定會收穫成功。

另外，我們還要懂得去分段實現自己的目標。不要小看一個小目標的力量，許多大成功就是靠實現了一個個小目標而積累起來的。沒有一個個小目標的實現，何來大目標的實現，何來成功？成功就是逐步實現一個個有意義的小目標，意思就是說：將大目標分解成為小目標，然後分段去實現這些小目標。

羅馬不是一天建成的，長城不是一天修好的。需將一個長遠的計畫分為很多個細小的計畫，這樣完成起來才不會覺得那麼吃力，而且會時時感覺到自己的進步，以及目標越來越接近。制定遠大的目標是人生成功的關鍵，制定階段性目標更是關鍵中的關鍵。

有人做過這樣一個實驗，他組織了三組人向同一個村莊行進。第一組人沒有被告知他們村莊的名字與路程，只讓他們跟著嚮導走。走到一半時，就有人開始抱怨太遠，有的人不願意再走下去了。第二組人知道他們村莊的名字和路程，但路中沒有里程碑和標誌，當走到一半時，有人開始喊累，有人開始休息。這時，有人說快到了，大家才得以一起前進。第三組人不僅知道他們村莊的名字和路程，而且每一段路程都有一個明顯的里程碑。這組人就開始唱著歌、聊著天地前進，每經過一個里程碑，他們就感覺離終點更近了一步，所以，他們最快到達了目的地。

無獨有偶，還有一個故事，講的也是這個道理。

日本有一位運動員叫山田本一，名不見經傳的他在一九八四年的東京國際馬拉松邀請賽中，出人意料地奪得了冠軍。當記者問到他是什麼力量讓他拿到這個冠軍時，他說了一句話：「憑智慧戰勝對手。」兩年後，義大利國際馬拉松邀請賽在義大利北部城市米蘭舉行，山田本一代表日本參加比賽。這一次，他又獲得了世界冠軍。記者又請他談經驗，他還是說了那句話：「憑智慧戰勝對手。」

人們對他的優秀成績感到不解，後來，在他的自傳中，所有的人都找到了答案。他在他的自傳中是這麼寫的：「每次比賽之前，我都要乘車把比賽的路線仔細看一遍，並把沿途比較醒目的標誌畫下來。比如第一個標誌是銀行；第二個標誌是一棵大樹；第三個標誌是一座紅房子……這樣一直畫到賽程的終點。比賽開始後，我就以跑百米的速度，奮力地向第一個目標衝去，通過第一個目標後，我又以同樣的速度向第二目標衝去。起初，我並不懂這樣的道理，常常把我的目標定在四十千米外的終點的那面旗幟上，結果我跑到十幾千米時就疲憊不堪了。我被前面那段遙遠的路程給嚇倒了。」

在現實中，我們做事之所以會半途而廢，往往不是因爲難度較大，而是覺得成功離我們較

遠。確切地說，不是因爲失敗而放棄，而是因爲放棄而失敗。在人生的旅途中，如果我們具備一點山田本一的智慧，那麼我們的一生中也許會少許多懊悔和惋惜。

心中有了目標就有了前進的動力，心懷目標再爲之付出不懈的努力，並在努力之前，進一步地爲自己制訂一個有條理的計畫，那無疑是給自己獲取成功插上了一雙有力的雙翼！

第八篇

減少衝突和矛盾的口才技巧

【戴爾・卡內基智慧】

● 不論是誰，在生活中都難免會遇到這樣或那樣的危機。在很多時候，擺脫困境，除了需要過人的勇氣和力量，更需要善辯的口才，靈活的頭腦。

● 請求對方幫一個忙，不但能使對方覺得自己重要，而且也能使你贏得友誼與合作。

● 一個人要想培養幽默感，就得以一定的文化知識、思想修養為基礎，多學習那些詼諧、風趣的人開玩笑的方式、方法。

● 在很多時候，擺脫困境，除了需要過人的勇氣和力量，更需要善辯的口才，靈活的頭腦。

● 當面直接批評別人，只會引起對方的強烈反感，而巧妙地讓對方注意到自己的錯誤並加以指正，將會使對方樂意按照你的建議去做。

● 如果你是對的，就要試著溫和地、有技巧地讓對方同意你；而如果你錯了，就要迅速而熱誠地承認。這樣做，要比為自己爭辯有效和有趣得多。

● 要通過談心進行有效的溝通，就必須要把握一定的原則。

● 你必須生動活潑地把事實編造成一種喜劇的形態，也就是以喜劇的手法來處理你的人生，使你的周圍洋溢著歡欣鼓舞的氣氛。

頭腦靈活，口才善辯

在很多時候，擺脫困境，除了需要過人的勇氣和力量，更需要善辯的口才，靈活的頭腦。

——戴爾·卡內基

口才是一門藝術，是用口語表達思想感情的一種巧妙形式。懂得語言藝術的人，懂得相處之道的人，不會勉強別人與自己有相同的觀點，而是巧妙地引導他人接受自己的思想。那些善於用口語準確、貼切、生動地表達自己思想感情的人往往能與他人和諧相處。反之，不懂得語言藝術的人，往往會使自己陷入困境。

爲了說明良好口才的神奇功能，卡內基經常講述下面這個故事。

一六七一年五月，倫敦發生了一起英國歷史上最大、最著名的刑事犯罪。一個以布勒特為首的五人犯罪團夥，矇騙了倫敦塔副總監，混入了馬丁塔里，偷走了英國的「鎮國神器」——英國國王的皇冠。

他們被捕後，在被審問時，布勒特充分發揮了他的辯才，同國王進行了英國歷史上一次有趣的刑事審訊對話，下面是其中最精彩的片段。

查理二世問：「你在克倫威爾手下誘殺了艾默恩，換來了上校和男爵的頭銜？」

布勒特回答：「陛下容稟，我不是長子，所以沒有繼承權，除了本人的性命以外別無所有，我得把我的命賣給出價最高的人。」

沉默了片刻，布勒特又說：「陛下，我是想看看他是否符合您賜給他的那個高位。要是他輕而易舉地被我打發掉，陛下就能挑選一個更合適的人來接替他。」

查理二世沉吟一會兒，仔細打量著這個囚徒，覺得他不僅膽子大，而且伶牙俐齒。於是，他又問道：「你越幹膽子越大，這回竟然偷起國王的皇冠來了！」

布勒特說：「我知道這個舉動太狂妄了。可是我只能以此來提醒陛下關心一個生活無著落的老兵。」

查理二世問：「你不是我的部下，要我關心什麼？」

布勒特答道：「陛下，我從來不曾對抗過您。英國人互相之間兵戎相見已經很不幸了。現在天下太平，所有人都是您的臣民，我當然是您的部下。」

儘管查理二世覺得他是個十足的無賴，但還是繼續問道：「你自己說吧，該怎麼處置你？」

布勒特答道：「從法律角度來看，我們應當被處死。但是，我們五個人每個人至少有兩個親屬會為此落淚。從陛下您的立場看，多十個人讚美您，總比多十個人落淚好得多。」

查理二世絕沒有想到他會如此回答，他不由自主地點點頭，又問：「你覺得自己是個勇士還是懦夫？」

布勒特說：「陛下，自從您的通緝令下達以後，我沒有一個地方可以安身。所以，去年我在家鄉搞了一次假出殯，希望警方相信我已死亡而不再追捕，這不是一個勇士的行為。因此，儘管我在別人面前是勇士，但是在您——陛下的權威下只是一個懦夫。」

查理二世對這番話非常滿意，不但免除了布勒特的死刑，還賞給他一筆數目不小的黃金。

卡內基指出，不論是誰，在生活中都難免會遇到這樣或那樣的危機。在很多時候，擺脫困境，除了需要過人的勇氣和力量之外，更需要善辯的口才，靈活的頭腦。關鍵的時候，良好的口才能夠幫助你免遭傷害，讓危機變轉機，甚至使劣勢轉爲優勢。

請求幫助，消除隔閡

請求對方幫一個忙，不但能使對方覺得自己重要，而且也能使你贏得友誼與合作。

——戴爾．卡內基

初到一個海濱城市，有一次，在暮色蒼茫時，卡內基要去一個自己從沒到過的郊區。前半截的路線他知道怎麼走，可是下了公共汽車換乘另一路車時，他怎麼也找不到另一路車的車站。於是，他走到一群正在下棋的當地老頭面前，請教他們該怎麼換車到自己想去的地方。

沒想到這麼一問，效果驚人。他們聽出卡內基是外地口音，而且是在快要天黑時往郊區走，就感到事關重大，於是就七嘴八舌地給他指點路線，連卡內基下車後該怎麼走都告訴了他。有一位老先生爲了這稀有的機會而興奮不已，站起來讓所有的人都不要講話了，他要獨自享受這指示方向的快樂。

因爲卡內基要去的地方是一個軍事基地。這些人聽說他和這樣的地方有關聯，更感到能夠有機會給他這樣的人指路非常榮幸。那位站起來的老先生還放下手中未下完的棋，專門把卡內基送上了末班公共汽車。

建議你也試試這種方式，到一個陌生城市後，向一個地位低於你的人請教：「不知道能不能請您幫我一個小忙，告訴我怎樣才能到XX地方？」相信你會有一個良好的收穫。

大科學家富蘭克林在參加議會選舉時，遇到了極大的困難。原來有一個新的議員，對他發表了一篇很長的反對演說，那演說詞竟把富蘭克林批評得一文不值，遇到這樣一位出乎意料的對手，是多麼棘手的事呀！那該怎麼辦才好呢？

富蘭克林告訴我們說：「我對於這位新議員的反對，當然不高興，可是，他是一位幸運而有學問的紳士，他的聲譽和才能，在議院裡很有一定的影響力；然而，我絕不對他表示卑陋的阿諛，用以取得他的同情與好感。我只在隔日之後，運用了其他適當的方法。我聽得有人講起，他藏書室裡有幾部很名貴、很珍罕的書。我就寫了一封簡短的信給他，說明我想看看這些書，希望他慨然答應，借我數天。結果他立刻就把書送來了。

「大約過了一個星期，我就將那些書送去還他，另外附了一封信，很熱烈地表示了我的謝意。他以前從不和我談話的，可是，當我們又一次在議院裡相遇的時候，他居然跑上前來，和我握手談話了，而且非常客氣；並對我說，在一切事情上都要幫我忙。於是，我們逐漸成為知己，有了美好的友誼。」

平常，我們也可以像富蘭克林那樣，採用類似的策略，對付那些批評過你的人。當我們想起自己曾經因爲給予別人小小的恩惠，而被人家很感激地接受了的時候，我們不是感覺到很愉快嗎？反過來說，我們不是常常看見，有些受別人恩惠太多的人，有時候不是反而對施恩的人避而不見嗎？這就是因爲我們自己幫助別人的時候，我們的自尊心被激發出來了；而在我們受別人幫助的時候，我們反而感覺到不安了。

我們應該知道，許多有才幹的人，他們常故意讓別人給他們種種信任，以此解決許多困難的問題！卡內基舉過這樣的例子：

美國有一個著名的廣告家，他忽然覺得一位老朋友漸漸地和自己疏遠起來，並快要和自己斷絕關係了。因為這位朋友是工程師，於是，廣告家就去請他審查一幅新建水管裝置的計畫圖，並且希望他提出一些意見。那位工程師接受了水管裝置計畫圖，出乎廣告家意料的是，他勤奮工作著，並且立刻提出了許多切實的意見，把那些圖樣送還給了廣告家。於是，他們兩人的老交情，從這天起恢復了。

美洲一位鐵路建築師年少的時候，也有過類似的逸事。當初他的職業是販賣皮貨，不得不和一個與他有仇的獵戶做朋友。於是他利用了一個機會，去向那獵戶借宿一夜。不料一夜住過，兩人的仇恨完全消釋了，他們反而變成了知己。

人的個性，固然各有不同，然而這種策略適用於絕大多數人。無論是對上級或是下屬，對不認識的人或是親戚朋友，對滿意我們的人或是不滿意我們的人，我們都應當留心他們的「性質」，他們的不同點在哪裡？他們各人所特有的嗜好和習慣是什麼？但不論他們的性情怎樣，嗜好與習慣怎樣，可以這樣說，他們最高興給我們的，就是滿足我們個人特殊興趣的情感恩惠。所以，當我們請求別人給我們一些他們所高興給予的小惠時，我們就能使他們很愉快地對我們有所注意了。

巧妙糾正你老闆的錯

當面直接批評別人，只會引起對方的強烈反感，而巧妙地讓對方注意到自己的錯誤並加以指正，將會使對方樂意按照你的建議去做。

——戴爾・卡內基

在工作中，我們難免會遇到和上司意見不統一的情形，尤其是當上司似乎存在明顯錯誤的時候，就難免會引發爭論，甚至是爭吵。這就要求我們必須懂得如何才能做到既能巧妙地糾正老闆的錯誤，又不會發生爭吵，引發矛盾。

想想，其實我們和老闆發生爭吵，目的無非是想要表達我們正確的觀點，並非故意挑起爭端。但世事難料，倘若真的不幸和老闆發生了爭吵，那我們就必須記住，不能說「你如何如何」之類的話，更不要說老闆意見的不是，比如，千萬不可說：「你的那個意見，純屬無稽之談，虧你想得出來！」這樣的話會嚴重傷及老闆的自尊心，也是極不禮貌的。

如果採用下面的方法去糾正老闆的錯，效果可能會好很多。

● **暗示法**。接到不恰當的指令時，如果你覺得不能執行或無法執行，可先給老闆以某種暗示，讓其悟到自己的指令不甚恰當。有些指令不恰當，不是因爲上司素質差、水準低，而是因

爲沒有考慮周全，或是只看到了事物的表像，沒看到事物的本質。你若稍加暗示，他可能就會馬上意識到問題。

●**提醒法**。有些不恰當指令的提出，可能是由於老闆不熟悉、不瞭解某一方面的情況，或一時遺忘了一些因素。如果你明確地提醒他，使他認識到了這一問題，那麼他一般都會收回或修正指令。當然，提醒不是埋怨，也不是直通通、硬邦邦的批評。提醒要講究策略，語氣上盡可能委婉些。

●**推辭法**。對老闆不恰當的指令，有時可以考慮推辭。推辭要有理由，有的可以從職責範圍的角度提出，比如說：「總覺得這件事不是我的職責，要不，同事關係就不大好處理了。」有的可從個人的特殊情況的角度提出。但不管從哪一方面，理由一定要真實和充分。你推辭了，有的上司還可能會這樣問：「那你覺得這件事應該由誰來做？」你最好不要隨便點名，也不要隨口說「除了我，誰都可以」之類的話，比較巧妙的回答是：「這事誰來做，我瞭解得不全面，還是您來定奪好。」推辭不是耍滑頭，而是委婉地拒絕。

●**拖延法**。有些不恰當的指令，是老闆心血來潮時突然想出來的，並要你去執行。倘若你唯命是從，馬上付諸行動，那就很可能鑄成了事實上的過錯。對這種老闆心血來潮而向你發出的指令，如果你暗示或提醒都不能點醒他，推辭也沒什麼理由時，那麼，最好的對策就是拖延。雖然默認或口頭上答應，實際上卻遲遲不動。

拖延法是消極的，但對有些非原則性問題的不恰當指令，只能如此。你拖延了一段時間後，老闆的頭腦冷靜下來了，或許就有了新的認識，就可能收回指令，或讓其不了了之。

有些下屬明明知道老闆的指令是不正確的，是有原則性錯誤的，卻認爲：反正是老闆要我做的，天塌下來由老闆頂著，於是就不假思索地去執行。這是頭腦簡單的表現。殊不知，一旦追究起來，具體執行者也有不可推卸的責任，甚至要追究直接責任。因而，這就要求你要保持清醒的頭腦，要有自己的主見，不能凡事都言聽計從。

拒絕老闆的指令需要勇氣，甚至要承受一定的壓力，但涉及原則問題，也只能拒絕而別無他法。正確運用上面的方法，你一定能夠更好地爲老闆服務，避免發生矛盾和衝突。

運用幽默能夠化解困境

一個人要想培養幽默感，就得以一定的文化知識、思想修養為基礎，多學習那些詼諧、風趣的人開玩笑的方式方法。

——戴爾．卡內基

幽默是一種引發喜悅、使人快樂的藝術，是人的思想、學識、智慧和靈感在語言運用上的結晶。幽默能使人化解困境，妥善地解決問題。凡是具有較高情商的人，一般都善於用幽默來應付緊急情況。

當百貨公司大拍賣，購貨的人又推又擠的時候，每個人的脾氣都十分急躁。

有一位女士憤憤地對結帳小姐說：「幸好我沒打算在你們這兒找『禮貌』，在這兒根本找不到。」結帳小姐沉默了一會兒，說：「你可不可以讓我看看你的樣品？」那位女士愣了片刻，笑了。

有一位作家也曾以幽默擺脫了一個困境。他在自己的書中，寫到了一位女士。後來在一次他自己舉行的家宴中，一位客人不斷地批評他，說他不應該寫這種女人，因為她的祖先燒死了聖女貞德。其他客人都覺得很窘，幾度想改變話題，但是都沒有成功。談話越來越令人受不了，最後這位作家說：「好吧，現在你差不多也要把我燒死了。」這句話馬上使他從窘境中脫身出來，隨後他又加上一句妙語：「作家都是他的人物的奴隸，真是罪該萬死！」

有一位年輕人新近當上了董事長。第一天上任時，他召集公司職員開會。他自我介紹說：「我是傑利，是你們的董事長。」然後又打趣道：「我生來就是個領導人物，因為我是公司前董事長的兒子。」參加會議的人都笑了，他自己也笑了起來。他以幽默的語言來證明他能以公正的態度來看待自己的地位，並對之具有充滿人情味的理解。實際上他也委婉地表示了：正因為如此，我更要跟你們一起好好地幹，讓你們改變對我的看法。

有時候，我們確實需要以有趣並有效的方式來表達人情味，給人們提供某種關懷、情感和溫暖。

有位大法官，他所居住的寓所隔壁有個音樂迷，常常把電唱機的音量放大到使人難以忍受的程度。這位法官無法休息，便拿著一把斧子，來到鄰居家門口，他說：「我來修修你的電唱機。」

音樂迷嚇了一跳，急忙表示抱歉。

法官說：「該抱歉的是我，你可別到法庭去告我，瞧我把兇器都帶來了。」說完兩人像朋友一樣地笑開了。

這位法官並不是想把鄰居的電唱機砸壞。他是用這種方法恰當地表達了自己對鄰居的不滿，他要告訴音樂迷：「我們是朋友，我希望和你好好相處，至於唱機，可以修理一下。」當然，所謂「修理」只是把唱機的聲音開低些罷了。

某大公司董事長和財稅局長有矛盾，雙方很難心平氣和地坐在一起，可是又必須把他們都請來，參加一個重要的會議。後來他們不得不來了，但是雙方都不理睬對方。這時會議主持人抓住他們的矛盾，進行了一瞬間的「趣味思考」。他向人們介紹這位董事長時，說：「下一位演講的先生不用我介紹，但是他的確需要一個好的稅務律師。」聽眾中爆發出一陣大笑聲。董事長和財稅局長也都笑了。

這就是「趣味思考法」，即不要正面揭示或回答問題，而是用愉悅的、迂迴的方式揭示或回答問題。一位著名足球教練，也是個善於進行「趣味思考」的人。

有一次球賽，他們足球隊在上半場輸給對手七分。可是他在休息室中一直與隊員們開玩笑，直到要上場進行下半場比賽時，他才大喊：「聽著！」

隊員們驚慌失措地望著他，以為他要把每一個人都大罵一通。但是這位足球教練接下去說：「好吧。小姐們，走吧。」沒有責備，沒有放馬後炮，也沒有指手畫腳地強調下半場如何踢球。他的樂觀、豁達，幫助

隊員們克服了心理上的障礙，幫助他們忘掉了艱難的處境。他的球隊在下半場創造了奇跡，踢出了一連串漂亮的球。後來這位足球教練對採訪他的人說：「不是我贏了。而是我的『趣味思考』法贏了，因為我知道我們在精神上贏了，那麼球也贏了。」

幽默作家班奇利，在一篇文章中謙虛地談到他花了十五年時間才發現自己沒有寫作的才能。結果一位讀者來信對他說：「你現在改行還來得及。」

班奇利回信說：「親愛的，來不及了。我已無法放棄寫作了，因為我太有名了。」這封信後來被刊登在報紙上，人們為之笑了很長時間。事實上，班奇利的幽默作品聞名遐邇，但他沒有指責那位缺乏幽默感的讀者，而是以令人愉悅的、迂迴的方式回答了問題，這樣既保護了讀者的自尊心，也維護了自己的榮譽。

有一次，一位顧客走進一家有名的飯店，點了一隻油爆龍蝦。他發現菜盤中的龍蝦少了一隻蝦螯，於是詢問侍者，而侍者則把老闆找來了。

老闆抱歉地說：「對不起，龍蝦是一種殘忍的動物。您的龍蝦可能是在和牠的同類打架時被咬掉了一隻螯。」

顧客巧妙地回答：「那麼請掉換一下，把那隻打勝的給我。」

老闆和顧客都用幽默的表達方式，委婉地指出雙方存在的分歧。這種方式不取笑、不批評他人，沒有傷及他人的自尊，既保護了餐館的聲譽，也維護了顧客的利益。

這些故事都體現出了幽默的神奇力量。由此我們也可以得出：在生活中，當我們遇到急迫而又棘手的問題時，要懂得隨機應變，使用恰到好處的幽默言語爲自己和他人擺脫困境，避免衝突和矛盾的發生。

通過談心進行有效溝通

要通過談心進行有效的溝通，就必須要把握一定的原則。

——戴爾・卡內基

談心是人們在日常工作與生活中常用的一種說話形式。一般來說是兩個或稍多一些的人在非正式的場合中進行的。談心有利於交流思想增進瞭解，加強團結，促進發展。許多問題如人和人之間的思想隔閡、工作中的矛盾等，都可以通過談心來解決。但是，要注意的是，談心與聊天不同，聊天的話題廣泛，隨聊隨換，而談心則是針對一定的心理、思想的分歧而進行的。因此，要通過談心進行有效的溝通，就必須把握一定的原則。

首先，談心要有明確的目的，更要有所準備。因爲，達到目的是談心所要求的結果。比如兩人之間互不服氣，以至於影響到工作上的合作，那麼在談心之前要明確目的，即讓對方更多地瞭解自己，摒棄前嫌，攜手共進。

有所準備是指在談心前精心構設交談用語、談話內容及談話進程，如怎樣開始，說些什麼，何時結束，都要進行充分準備，以免談起來凌亂分散，甚至詞不達意，影響表達效果。

有所準備還包括預設談話中可能出現的各種情況的處理方法。有了這些準備，談心活動就

不會演變成爭吵或僵持，我們就能根據對方的反應調節交談方式，確保交談目的的實現。

而且，談心時還要懂得在切入正題之前先進行鋪墊。我們知道，談心開始時的見面話語是最難構設的。這時，可以讓表情來代替，一個真誠自然的微笑，表明你與對方談心的態度是誠懇的。這首先在情感上就給對方以很大影響，然後再來上一兩句寒暄話，進一步表明你的友好態度和誠意。這樣的「開場白」有利於氣氛的緩和，有利於談話的繼續進行。

開場白過後，應很快地切入主題，譬如消除某個誤會，說明某種情況等。因爲這時雙方的關係只是表面的禮節性的和緩，若過多地拉扯其他內容會引起對方的反感，同時也會暴露你的弱點，而直接切入正題，能讓雙方就一個問題展開對話，進行溝通，儘快消除分歧，澄清誤會，說明情況，並達成共識。

其次，談心的語言要誠懇，感情要真摯。談心是要向交談對象闡明自己的某種觀點或見解，而不是加劇矛盾。因此要誠懇地遣詞造句，選用中性的、不帶有強烈刺激性的詞語，以減少對方的反感和受刺激的心理效應，而且這樣的話語能傳達出你希望冰釋前嫌的誠意。

在整個談心過程中，對個性極強、難以溝通的談心對象，要把握其特點，除了使用能闡明觀點的話語外，更要以情動人，多使用具有情感交流作用的詞語來製造氣氛，溝通思想，理順情緒。如有兩位老先生，許多年前因工作造成分歧，相互不理睬。其中一位多次上門化解矛盾，但對方態度強硬，不予理會。這次去了，他說了這樣的話：「我今年六十歲了，你比我大，該是六十二歲了吧？咱們都是過了大半輩子的人了，還有多少年好活呢？我真不希望咱們到另一個世界還是對頭。」這位老先生從老年人易動情的話入手，使對方產生情感共鳴，終於消除了隔閡。

最後，談心還要注意語氣、聲調和節奏。談心時，如果語氣、聲調和節奏運用不當，也會影響到說話水準以及最終結果。談心時，語氣要和緩、委婉，不能聲色俱厲，咄咄逼人。和緩、委婉的語氣能消除對方的敵對心理，能給對方一種信任感、誠實感，不至於造成雙方心理上的壓抑，不至於激化矛盾。語氣往往體現在說話的表述方式上，追問、反問、否定往往使語氣顯得生硬、激烈，易引起對方的反感；而回顧、商榷、引導、模糊等往往能製造和諧的談話氣氛，有利於減輕壓力、闡明事實、表明觀點。

聲調對於談心的效果也有重要作用。當一個人心存怒氣時，說話的聲調無疑會上揚，形成一種尖刻的沒有耐心的調子。這種調子有很強的傳染性，會使對方馬上也像受傳染一樣針鋒相對，厲聲對厲聲，尖刻對尖刻，只會使矛盾加深。

語言的節奏有舒有急，有快有慢。使用快節奏講話往往會使你顯得心急，情緒不穩，易激動發火，這不利於交談對方的思考和溝通；節奏太遲太緩，顯得缺乏生氣，沒有信心，影響談話效果；節奏適度，方顯自然、自信、有力，易於從心理上影響對方，產生良好的心理效應，有利於溝通。

說話一定要把握好時機

你必須生動活潑地把事實編造成一種喜劇的形態，也就是以喜劇的手法來處理你的人生，使你的周圍洋溢著歡欣鼓舞的氣氛。

——戴爾．卡內基

出色的語言能力是一個現代人必備的素質之一。通過出色的語言表達，可以使相互熟識的人情更濃、愛更深；可以使陌生的人產生好感、建立友誼；可以使有分歧的人相互理解，消除矛盾；可以使互相仇恨的人化干戈爲玉帛，友好相處。

我們知道說話不僅僅是一門學問，還是一個人贏得事業成功的資本。好的口才不僅可以給你帶來運氣和財氣，還能讓你擁有錦繡的前程。但是，能說話簡單，會說話卻不易。能恰到好處地把握說話的時機則是最重要但又最難的事情。

有人曾這樣說：事情的成敗，往往取決於口才的好壞。好口才如戰鼓催征，雄兵四起；如江水直下，一瀉千里；如綿綿細雨，沁人心脾。

綜觀古今中外的歷史，從王侯將相、政壇領袖，到平民百姓、凡夫俗子，能說會道的人比比皆是。「三寸不爛之舌，強於百萬之師」的毛遂，舌戰群儒的諸葛亮，侃侃而談的邱吉爾，幽默風趣的羅斯福……這些人都憑藉著非凡的口才馳騁於各自的領域，他們的事蹟成爲人們世代傳頌的佳話。

說話是一門大學問，並非每一個人都能掌握說話的要領。說話的時機就是說話當中一個重要的環節，若能恰當利用，你的人際關係將會得到很大的改善，用得不當，便會招來很多不必要的麻煩。

有位著名的財政顧問曾經說過：「把握適當時機說話相當重要。首先我們必須看清楚有希望的顧客是否真的具有認購的意願。如果你忽略了對方的問題，而大談自己的問題，那麼說明你根本沒有把握住重點。譬如過去我個人推銷產品時，都會一再強調，這種產品是如何有助於對方解決目前的問題。所以應恪守的原則就是不要談論自己的意見。」

很顯然，掌握說話的時機，更有助於達到你的目的。否則，即使你說話的內容再精彩，也有可能達不到效果或者起了反作用。所以，要學會根據對方的性格、心理、身分以及當時的氛圍等一切條件，考慮你說話的內容。

如果你是一個公司職員，很想讓公司添加一些辦公設備，於是你就嘗試著向上司提出了設備不夠，勸其購買新的設備等建議。如果上司認爲辦公室目前的設備已足夠，當然不可再向他提出新的建議。換言之，即使你有新的設想，也必須等待，使上司冷靜一段時間再說。這並不是勸你「不要說出來」，而是勸你在不適當的時機「什麼都不要說」。

如果有一個人在辦喪事，處於無限悲痛之中，你就不能以要求的口吻叫他去做這個，或是

做那個。如果某個工廠的老闆因爲使用新技術，而沒有獲得成功，正在無限懊惱的時候，最好不要再毫無保留地去評論這個新技術，必須等對方的心情平靜下來以後再去說明其中的原因。如果公司在競爭中處於下風，而你還反覆地議論參加這次競爭的不明智，那真是愚蠢至極的行爲。把握住良好的說話時機，你就可以成爲一個具有高超說話技巧的人。

當然，這還需要你能夠很快地發現聽眾所感興趣的話題，同時能夠說得恰到好處。也就是說，你能把聽眾想要聽的事情，在他們想要聽的時間之內，以適當的方式說出來。當然，這裡有一個「切入」話題時機的問題。

在講話的時候，一定要及時「切入」話題，首先必須找到雙方共同關心的話題。

如王某新買了一台洗衣機，因品質問題連續幾次到維修站修理，都沒有修好。後來，他找到經理訴說苦衷。

這時，經理以很快的速度把正在看武俠小說的年輕修理工小張叫來，詢問一些相關的情況，並批評他，責令其為王某修理。一路上，小張鐵青著臉不說一句話。

王某靈機一動，問道：「你看的《江湖女俠》是第幾集？」

對方答道：「第二集快看完了，可惜找不到第三集。」

王某說：「包在我身上。我家還有不少武俠小說，你儘管借去看。」緊接著，雙方圍繞武俠小說你一言我一語地說開了，談得津津有味，開始時的緊張氣氛消除了。後來，不但洗衣機修好了，兩個人還成了非常要好的朋友。

由此可見，在人際交往中，懂得把握說話時機才能如魚得水、左右逢源。然而，現實生活中卻有許多人並不懂得把握說話時機，並因此造成了終生的遺憾。掌握說話時機似乎是一種人賦的特別直覺，但它和經驗一樣，是磨煉出來的。只有不斷地練習，你才能真正地擁有它。

說話之前要仔細思考，什麼時候應該說什麼話，都要做到心中有數。不過，有時等待說話時機的出現需要有足夠的耐心，也需要積極地進行準備。當然，時機絕不是消極等待才能得到的，必要時也可以去創造機會。

由此可見，在平時的生活和工作中，我們一定要注重自己的言談，在說話時要懂得把握好表達的時機，做到合理、合情、合時，只有這樣才能給我們的生活與事業贏得更好的發展空間。

第九篇

其實工作是美麗的

【戴爾・卡內基智慧】

- 假裝喜歡自己的工作，或許我們就會真的愛上它。
- 一個人在事業上的成功，百分之三十是靠他的專業技術，百分之七十是靠他的工作效率。
- 成功的第一要素，就是一定要喜歡你的工作，或者做你喜歡的工作，如果你喜歡自己所從事的工作，即使工作的時間很長，但你卻絲毫不會覺得是在工作，而是在做遊戲。
- 零星的時間，如果能敏捷地加以利用，可成為完整的時間。所謂「積土成山」是也，失去一日甚易，欲得回已無途。
- 若你怕失敗而不敢挺身而出，那你就只能算藏身在殼裡的蝸牛。抓住機會，勇敢地生活。

- 讓我們歡迎責任的到來吧！要想讓自己得到提升，必須付出巨大努力，以及額外付出。這在當時也許是很痛苦的，甚至可能是吃力不討好的事，但從長遠來看，必然會有所收穫。
- 工作中的人之所以會憂慮、煩惱，很多時候是不良的工作習慣所致。因此，要學會有條不紊、主次分明地處理事情。
- 無論小事還是大事，我們都要負責，成功必將屬於我們。
- 敢於承擔責任的人，身處任何地方，都比別人容易脫穎而出。
- 人的煩惱百分之七十都和金錢有關，而許多人在處理金錢時，卻往往十分盲目，結果給自己帶來無窮無盡的煩惱。
- 一個人不可能獨立地在社會中生活，人與人之間的合作與競爭是我們社會生存和發展的動力。

做你最感興趣的工作

成功的第一要素，就是一定要喜歡你的工作，或者做你喜歡的工作，如果你喜歡自己所從事的工作，即使工作的時間很長，但你卻絲毫不會覺得是在工作，而是在做遊戲。

——戴爾・卡內基

曾經有個剛剛畢業的大學生給卡內基寫信說道：「我不太喜歡自己現在的工作，可是好不容易找到的工作又不忍心放棄，它就像雞肋一般，食之無味，棄之可惜。我在公司待著時總覺得一天的工作時間十分漫長，工作的時候不想和同事說話，下班之後總有一種悲觀的情緒。每天早晨起床的時候我都會問自己今天上班去做什麼？爲什麼要去上班？我現在應該怎麼辦呢？是繼續做這份工作，還是另謀出路？」

卡內基笑了笑，回答道：「做你自己喜歡的工作！」

是的，我們千萬不要爲自己不喜歡的工作勞費心機，因爲做自己喜歡的工作，是一個人成就大事業、建立大功勳的基礎。

石油大王洛克菲勒由衷地喜歡自己的工作。他曾這樣說道：「我永遠忘不了自己的第一份工作——做個簿記員。那時雖然我每天天剛濛濛亮就不得不去上班，而辦公室裡點著的鯨油燈也十分昏暗，但那份工作從未使我感到枯燥乏味，反而令我著迷喜悅，連辦公室裡的一切繁文縟節都不能讓我對此失去熱情，結果是雇主總在不斷地爲我加薪……」他還說道：「我從未嘗過失業的滋味，這並非只是因爲我的運氣好，而是因爲我能從工作中尋找到無限的快樂，而不是把它視爲毫無樂趣的苦役。」他在給兒子的信中也這樣說道：「如果你把工作視爲一種樂趣，那麼人生就是天堂；如果你把工作視爲一種義務，那麼人生將是地獄！」

如果一個人做的不是自己喜歡的工作，他就會在無形中輕視自己的工作，而且時常抱著應付差事的態度，絕不能從工作中享受到樂趣。如果一個人總是認爲自己的工作辛苦、煩悶，那麼他絕不會把自己的工作做到最好，這一工作也無法促使他發揮自己的特長。

卡內基認爲，成功的第一要素，就是一定要喜歡你的工作，或者做你喜歡的工作。

如果你喜歡自己的工作，即使工作的時間很長，你也絲毫不會覺得是在工作，而是在做遊戲。我們每個人都喜歡做自己喜歡的事情，但是，大多數人都認爲這說起來容易做起來難。生活的壓力、環境的驅使，常使我們不得不從事自己並不喜歡的工作。因爲生存有保障後才能談發展。

但事實上，做自己喜歡的工作，成功的機會相對大一些。

菲爾・強森的父親開了一家洗衣店，他把兒子叫到店中工作，希望他將來能接管這家洗衣店。但菲爾痛恨洗衣店的工作，所以總是懶懶散散，提不起精神，並且只做些不得不做的工作，對於其他工作則一概不管。有時候，他乾脆「缺席」。他父親十分傷心，認為自己養了一個不求上進的兒子，使他在員工面前丟臉。

有一天，菲爾告訴父親，說自己希望做個機械工人——到一家機械廠工作。父親感到十分驚訝。不過，菲爾還是堅持自己的意見。他穿上油膩的粗布工作服工作，去從事比在洗衣店更為辛苦的勞動。雖然工作的時間更長，但他卻快樂地在工作時吹起口哨來。他選修工程學課程，研究引擎，裝置機械。

而當他一九四四年去世時，已是波音飛機公司的總裁，並且製造出「空中飛行堡壘」轟炸機。

的確，因爲喜歡，我們可以興趣十足、充滿激情地工作，就算一天工作十六七個小時，我們也不會覺得很累。但是如果我們做一份自己不喜歡的工作，或許每分鐘都會埋怨，沒有熱情去創造更多的價值。

比爾是美院的人體模特兒，美院的老師和學生都喜歡比爾做他們的人體模特兒，比爾因此成了美院優秀的人體模特兒之一。

比爾在美院的收入是每天廿五美元。當他做了兩個月的人體模特兒，有了一些積蓄後，他就離開了美院。儘管他也很喜歡這個職業，喜歡那裡的老師和同學，但是他知道這並不是自己的追求，他必須儘早離開它，去做他喜歡的事。那便是唱歌。

比爾在地鐵附近租了間平房，安頓下來後，就跑到樂器商店買了一把吉他，然後，又去服裝店買了身像樣的衣服，經過簡單地「武裝」後，就抱著吉他來到了地鐵口，正式做起了一名地鐵歌手。比爾這樣做，並不表示他是一個胸無大志的人，他也想成為一名簽約歌手，當紅歌星，但是就目前這種狀態，他是不敢有太多奢望的，只能從地鐵歌手做起。

地鐵口給比爾的最初印象只是匆忙，來來往往的人總是腳步匆匆，這裡都是些匆匆過客，也許有的人只能見這一面，以後就再也沒有機會見到了。

但是，能在這裡做自己喜歡的事，是比爾多年的願望。這個願望比爾從來就沒有放棄過。他認真地做自己喜歡的事，並且努力把它做好，雖然暫時沒能得到別人的肯定，沒有成為著名歌手，但比爾始終為此奮鬥著，他無怨無悔。

卡內基說過，工作，深刻地影響你的一生，如果你決策得當的話，它可能成全或造就你，

甚至會對你的健康產生重要影響。因此，祝福那些找到自己心愛工作的人，他們已經不需再祈求其他的幸福。

工作不僅可以創造財富，實現人生價值，而且可以給個人帶來歡樂，帶來健康與長壽。緊張的工作可以排除人們的孤獨感、寂寞感與憂愁感。從事一份自己喜歡的工作可以給人帶來充實和歡樂，使人保持良好的情緒。

只有做自己喜歡的工作，我們才會有激情，才會有創新，才會感到快樂！所以，就讓我們遠離猶豫，大膽地去做我們感興趣的工作吧！

把握好所有零碎的時間

零星的時間，如果能敏捷地加以利用，可成為完整的時間。所謂「積土成山」是也，失去一日甚易，欲得回已無途。

——戴爾·卡內基

在這個競爭異常激烈的現代社會，任何一種對時間的浪費，都是對生命的不負責。不要小看零碎的時間，它們往往在生命的關鍵時刻起著決定性的作用。因此，我們在生活中一定要把握好所有零碎的時間。

爭取時間的唯一方法是善用時間。把零碎時間用來從事零碎的工作，從而最大限度地提高工作效率。比如在車上時，在等待時，可用於學習，用於思考，用於簡短地計畫下一個行動等。充分利用零碎時間，短期內也許沒有什麼明顯的感覺，但長年累月，將會有驚人的成效。世界上真不知有多少可以建功立業的人，只因爲忽略了零碎的時間而變得默默無聞。

滴水成河。用「分」來計算時間的人，比用「時」來計算時間的人，時間多五十九倍。彼得·哈瑞博士的研究表明：大多數成年人每天平均睡眠在七到七個半小時，但是對很多人來說，六個甚至五個小時的睡眠，就已經足夠了。超過你需要的睡眠只會把時間耗掉，對健康不

但無益而且可能有害。

哈瑞博士說：「要找出你需要多少睡眠，你應該以不同的睡眠長度來做試驗，每一種試驗用一或兩個星期。如果你只睡五個小時，仍然覺得心智敏捷，工作有效率，那就用不著強迫自己在床上躺七個小時。如果你睡了八個小時，仍然覺得軟弱無力，難以集中精神，那你可能就是那些需要十個小時睡眠的人之一。」

根據羅勃・范卡索博士所說，人所需要睡眠長度的不同，似乎和新陳代謝、秉性，以及從白天活動中得到的樂趣有關。他說：「做無聊而令人厭煩的工作，會使人以更多的睡眠來避免面對每天冗長而乏味的例行工作。因此，我不會要求每一個人都制訂一個同樣的睡眠時間表，但是大多數的人就是比平時少睡很多，仍然能夠過得不錯。」

還應該注意到的就是，有些情況會影響人的睡眠：在感到特別有壓力或生病的時候，人就會需要更多的睡眠。

很多成功的人認爲他們成功的一項重要因素，是遵從了富蘭克林的建議而獲得更多的時間。富蘭克林的建議是：「懶人睡覺時，你要刻苦奮進。」例如，已故希臘船業鉅子奧納西斯常常在清晨五點鐘就起床了，並且認爲這個良好的習慣幫助他取得了成功。阿爾頓・歐吉斯納博士發現他一天只要睡四個小時就足夠了；而著名的心臟外科醫生麥克・戴貝克也有同樣的發現（**他們兩個人都採取一種只睡四小時的做法，但是白天如果覺得疲倦了，就小睡五到十分鐘**）發明家富勒曾經採取每三個小時小睡半小時，廿四小時合起來只睡四個小時的做法，實行了一陣以後，因爲有礙業務，才放棄了這種做法。

當然，這些都是特殊的人。如果你只睡六個小時仍然覺得很好，那就不必睡八個小時。天節省兩個小時，星期一到星期五就節省了十個小時，每個月就是四十多個小時——每個月比別人多一個星期。所以我們需要的是：起來工作吧！

在大都市，人們每天用於上下班路途上的時間是非常可觀的。在美國上班時間平均單程是廿二分鐘，而在人口達一百萬或更多的大城市，百分之三十二的人住在距離上班地點三十五分鐘車程的地方。

任何事情要在你一生中用去這麼多的時間，都應該值得你特別注意。很明顯的，有兩方面值得你考慮一下。

首先，是否能減短交通時間。

威爾克先生開車上班需三十五分鐘，他的朋友布朗先生住在距離上班地點只有十五分鐘車程的地方。威爾克先生並不覺得其中的差異有什麼特別意義——「只多幾里地而已，早已習慣了。」但是我們來算一算，二十分鐘的差異表示一天差四十分鐘，一個星期約三點五小時。以一個星期工作四十小時來計算，在上班路途上威爾克先生「一年」要比布朗先生多用約「四個星期」的時間。

其次，是否能有效地利用交通時間。

聽車上收音機任意播放的節目並不是利用這段時間的最好辦法。更有效的運用包括：在早

晨業務彙報之前，把有關事項先想清楚；分析業務、私人問題或機會；在心裡面爲一天的工作作一番計畫；聽聽用來增長你專業技術的錄音帶。不過，聽聽新聞報導甚至音樂錄音帶，也都是利用這段時間的好辦法。重要的是避免由惰性或習慣來決定如何利用上下班的時間。

要有意識地決定在這段時間裡，把注意力投入在什麼方向。這樣我們就會驚異地發現，不浪費這段時間會獲得許多益處。

不要把一些短暫的時刻（約了一起吃午飯的人遲到時，或在銀行排隊，向前緩慢移動時）輕易浪費掉，而要當成意外的收穫，這時可做一些平常要延緩去做的某些事情。

推銷員常常發現在接待室等待和顧客面談的時間，足夠他辦完所有紙上工作：寫一份和上一位顧客面談的報告，給顧客以及可能成爲顧客的人寫信，計畫以後拜訪哪些人，塡寫支出費用報告等。每一個人都可以找些適當的小工作，利用這種零碎時間來完成，只要把必備的表格或資料帶在手邊就可以了。

不要認爲這種零碎的時間只能用來辦些例行紙上作業或次優先的雜務。最優先的工作也可以在這少許的時間裡來做。如果把主要工作分爲許多小的「立即可做的工作」，我們隨時都可以有費時短卻重要的工作可做。因此，如果你的時間因爲別人沒效率而浪費掉了，要記著：這還是自己的過失，不是別人的。

很多人發現把午餐時間延誤到一點鐘或一點鐘以後，而用正午時間來辦事效果會更好。在大多數辦公室裡，這段時間的電話等於零，干擾比較少。另外，這樣做還能得到額外的好處：

在大家趕著吃飯的時間過了以後，再到飯店去可以得到比較快的服務。

保護自己的週末。除非有緊急情況，否則不要讓工作延長到週末——上帝在工作了六天之後還需要休息，那麼你怎麼會不需要呢？

週末運動、輕鬆一番，完全遠離辦公室或工廠的事務，可以有助於你放鬆身心更好地運用下一周的時間。如果偶爾計畫出一個長的週末，那就儘管去徹底放鬆一星期。

計畫如何運用自己的週末，不要總是來了就接受，否則會讓自己不知所措。爲週末擬訂出一些特別的計畫，可以提高這一周的工作士氣，激發自己把這一周工作做完的興趣，使工作不會干擾到週末的計畫。

更重要的是，要認識到今天是我們唯一能應用的時間。過去已經一去不回，未來只是一種觀念。這個世界上每一件事情的完成，都是由於做事的這個人認識到今天是行動的時間。

十九世紀的蘇格蘭作家、歷史學家及哲學家卡萊爾曾說：「我們的主要工作不是看未來還看不清楚的東西，而是去做目前手頭上的事情。」英國散文家、批評家和社會改革家羅斯金把「今天」這兩個字刻在一小塊大理石上，並放在桌子上，時刻提醒自己要「現在就辦」。

有位不知姓名的哲學家說過：昨天是一張兌過註銷的支票，明天是一張期票，今天是手上的現金，應用它吧！因此，我們要把握住「今天」，把握住所有零碎的時間，認真加以利用，以獲取成功。

全力以赴的工作精神

若你怕失敗而不敢挺身而出，那你就只能算藏身在殼裡的蝸牛。抓住機會，勇敢地生活。

——戴爾·卡內基

當你對一件事盡力而爲時，取得成功的機率就會大大下降，當你對一件事全力以赴時，就已經接近成功了。不要總是說「我盡力而爲」，那是精神上的畏懼，那是沒有自信的體現。因此，做事要全力以赴，不要盡力而爲。

竭盡全力是指用盡全部力量。而盡力而爲是指盡自己的最大力量。盡力強調「力」，竭盡全力強調「竭」。

在美國西雅圖的一所著名教堂裡，有一位德高望重的牧師——戴爾·泰勒。有一天，他向教會學校一個班的學生們講了下面的故事：

有一年冬天，獵人帶著獵狗去打獵。獵人一槍擊中了一隻兔子的後腿，受傷的兔子拚命地逃生，獵狗在其後窮追不捨。可是追了一陣子，兔子跑得越來越遠了。

獵狗知道實在追不上了，只好悻悻地回到獵人身邊。

獵人氣急敗壞地說：「你真沒用，連一隻兔子都追不到！」

獵狗聽了很不服氣地辯解道：「我已經盡力而為了呀！」

兔子帶著槍傷成功地逃生回家後，兄弟們都圍過來驚訝地問牠：「那隻獵狗很凶呀，你又受了傷，是怎麼甩掉牠的呢？」

兔子說：「牠是盡力而為，我是竭盡全力呀！牠沒追上我，最多挨一頓罵，而我若不竭盡全力地跑，可就沒命了呀！」

泰勒牧師講完故事之後，又向全班鄭重其事地承諾：誰要是能背出《聖經・馬太福音》中第五章到第七章的全部內容，他就邀請誰去西雅圖的「太空針」高塔餐廳參加免費聚餐會。

《聖經・馬太福音》中第五章到第七章的全部內容有幾萬字，而且不押韻，要背誦其全文無疑有相當大的難度。儘管參加免費聚餐會是許多學生夢寐以求的事情，但是幾乎所有的人都淺嘗輒止、望而卻步了。

幾天後，班上有一個十一歲的男孩，胸有成竹地站在泰勒的面前，從頭到尾按要求背了下來，竟然一字不落，沒有一點差錯，到了最後，簡直成了聲情並茂的朗誦。

泰勒牧師比別人更清楚，就是在成年的信徒中，能背誦這些篇幅的人也是罕見

的，何況是一個孩子。泰勒牧師在讚歎男孩那驚人記憶力的同時，不禁好奇地問：

「你為什麼能背下這麼長的文字呢？」

男孩不假思索地回答道：「我竭盡全力。」

這個例子告訴我們，盡力而為是不夠的，要想成為一個成功的人，就必須做到竭盡全力。因為只有竭盡全力，你才能開發出自身更多的潛能，才能更接近你想要的成功。

一位年輕人遠行前，向村裡的一位老人請教該注意什麼。

老人說：「全力以赴吧。二十年後，你再來找我。」

年輕人經歷了許多挫折，但也幹出了一番令人羨慕的事業。漸漸地，他似乎感到有些力不從心，算了算二十年已滿，便回到村裡。

「老伯，我已經全力以赴了，以後，我該怎樣做呢？」這個已經步入中年的人問。

「以後，你要盡力而為，十年後，你再回來找我。」

十年裡，這個中年人的生活波瀾不驚，但他還是回去了。

老人已到了彌留之際，而中年人的雙鬢也已泛白。

「其實，這次我沒有什麼經驗可以告訴你了。我只是想說說我的一生。在我還是個年輕人的時候，有人就告訴我要盡力而為，於是，我的前半生庸庸碌碌，一事無成。後來，又有人告訴我要全力以赴，於是，我遭受了許多挫敗，我已經輸不起了。我的一生算是很失敗的，於是，我想知道如果有一個人經歷一下我所不曾經歷的，他會不會幸福？現在，我知道了，他過得很好。謝謝你！」老人說完，便微笑著閉上眼睛。

「不，我應該謝謝你！」中年人說。

人本來是很有潛能的，但是我們往往爲自己找藉口：「管它呢，我們已經盡力而爲了。」事實上，盡力而爲是遠遠不夠的，尤其是現在這個競爭激烈的年代，尤其是趁你還年輕的時候。

全力以赴的精神能讓人不怕任何困難，且渾身都充滿了幹勁；盡力而爲的思想能讓人在遇到很大的困難時，很容易就「知難而退」，而事實上，成功往往只需要咬緊牙關再試一次而已。

生活與工作中，不要過多地計較個人的得失，而要以一種積極的心態和滿腔的熱情去對待我們的生活與工作。要做到全力以赴，不要盡力而爲。

你也許有過這樣的經歷：盡力而爲地努力工作，取得成績後希望得到肯定和賞識，然而，由於種種原因，你並沒有如願以償。這時，你應該如何克服內心裡重重的失落感呢？

這時，我們不會叫你想開些，而是想建議你，首先捫心自問一下：「我的工作真的已經做得很到位、很完美了嗎？我真的已經全力以赴了嗎？也許我還可以在已經完成的工作上再努力一把。」

我們也許應該明白，盡力而爲地完成自己工作的人，最多只能算是一個稱職的人。如果在工作中多努力一把，你就可能成爲優秀者，如果繼續努力，你就可能從優秀者變爲卓越者。因此，你需要把自己從一個「盡力而爲」的人變爲一個「全力以赴」的人。當你擁有全力以赴的精神時，你到哪裡都是一位受歡迎的人，因爲全力以赴的人會帶動周圍的人一起積極向上，把他們的「油箱」也加滿了「油」。

任何一個組織都極其需要全力以赴的成員，任何一名全力以赴的員工都會備受現代企業的歡迎。那麼，當你還是組織中的一員時，你就應該處處爲組織著想，理解管理層的壓力，拋開藉口，全身心地投入。全力以赴的人，是最懂得在工作中時刻都努力爲自己再「努力一把」的人，而他們也通過這種付出，獲得了超乎他自己想像的能力。同時也獲得了超出自己期望的報酬。

你的「油箱」有多滿？如果不是很滿，就讓我們全力以赴吧！用一種積極樂觀的態度和行動去對待工作。也許全身心的投入有時候會辛苦，但最終當我們品嘗到成功的喜悅時，我們會覺得，我們付出的一切都是非常值得的。

愛因斯坦說過：「對一個人來說，所期望的不是別的，而僅僅是他能全力以赴地獻身於一種美好事業。」

一位經理在描述自己心目中的理想員工時說：「我們所急需的人才，是意志堅定，工作起來全力以赴，有進取精神的人。我發現，最能幹的大體是那些資歷一般，沒有受過高等教育的人，他們擁有全力以赴的做事態度和永遠進取的工作精神。做事全力以赴的人獲得成功的機率大約占到九成，剩下一成的成功者靠的是天資過人。」

做什麼事情，你都不能認爲是在給別人打工，你不應該有任何的理由和藉口，你必須全力以赴。

全力以赴地投入工作需要滿腔熱忱。沒有對工作的熱忱，就無法全身心地投入工作，就無法堅持到底，對成功也就少了一分執著；有了對工作的熱忱，在執行中就不會斤斤計較，不會吝嗇付出和奉獻，不會缺乏創造力。全力以赴的人，還會爲了自己的目標奮鬥不止。一個人一旦領悟了全力以赴地工作的重要性，他也就掌握了打開成功之門的鑰匙。

全力以赴不僅意味著拚命工作，同時還意味著滿懷熱情地克服自身的劣勢因素。事實上，包括成功人士在內，每個人都有自己不足的方面，但成功者卻通過全力以赴的工作精神，較爲成功地克服或化解了自身存在的劣勢。其具體方法就是：客觀看待並清醒認識自己的不足之處，然後採取行動立即加強劣勢方面的學習及與他人合作，最關鍵的一點是漠視甚至完全消除劣勢給自己造成的心理壓力，以更從容、自信、嚴謹、專業的態度來倍加努力地開展工作。只要不受自己存在的劣勢所困擾，就能夠更有效地發揮優勢，提升整體工作水準，這樣更有益於獲取成功。

所以，我們要想獲得成功，要想在競爭激烈的現代社會中立於不敗之地，就必須知道盡力而爲是不夠的，只有竭盡全力才能贏得最後的勝利。古今中外，無論哪一位成功人士，都離不開一個成功的基本核心精神，那就是全力以赴。全力以赴可以說是一切成功的基石。一個人如果對人生、對工作、對事情、對事業沒有全力以赴的精神，那他很難有大的作爲。做事不要盡力而爲，而要全力以赴。只有這樣你才能化解劣勢，戰勝困難，最終擁抱成功。

對每份責任都保持熱忱

讓我們歡迎責任的到來吧！要想讓自己得到提升，必須付出巨大努力，以及額外付出。這在當時也許是很痛苦的，甚至可能是吃力不討好的事，但從長遠來看，必然會有所收穫。

——戴爾·卡內基

只要一個人對自己的工作充滿熱忱，他就會愛上自己的工作，在工作時，就不會覺得自己的工作枯燥無味。

美國某公司前總裁弗瑞德·瑞克皮·威廉森曾說過：「我越老越感到對工作的熱忱才是事業上成功的秘訣。成功的人和失敗的人，他們在技術、能力和智慧上的差別，通常並不是很大，但是如果兩個人在在各個方面的條件都差不多，那麼對工作充滿熱忱的人，將更有可能如願以償。一個能力不足，但是對工作充滿熱忱的人，通常會勝過能力強但是缺乏熱忱的人。」

如果一個人對工作充滿了熱忱，不管做何種工作，他都會調動一切有利的積極因素，全身心投入，圓滿地完成工作。這種人通常十分熱愛自己的工作，並且認爲任何工作都是一定要完成的任務。如果他們在工作中遇到困難的話，也會想盡各種辦法去解決，力求盡善盡美地將任

務完成。

要是一個人對自己的工作不能保持應有的熱忱的話，任何工作都不會引起他們的興趣，更無法調動他們的積極性，他們只會按部就班地工作，甚至是敷衍了事。當碰到難題的時候，他們就會感到十分沮喪，以至於無法很好地將工作完成。

不過，如果一個人對自己的工作根本就沒有責任感，那他就不會對工作保持熱忱。因爲他的責任意識淡薄，覺得工作幹好幹壞和自己並沒有多大關係，因此也就不會盡自己最大的努力去完成工作。不過，當一個人對自己的工作抱有強烈的責任感時，他就會自覺地燃燒起自己的激情，令自己始終保持著工作的熱忱，全身心地投入到工作中去。這就像比爾・蓋茨所言：「只要在每天早晨醒來，一想到自己所從事的工作和所開發的技術，將會給人類的生活帶來巨大的影響和變化，我就會無比的興奮和激動。」

實際上，只要一個人對工作時刻保持著熱忱，他就會愛上自己的工作，就不會再覺得自己的工作枯燥無味。這會讓他在接受一項計畫或者任務以後，能夠始終如一地堅持執行下去，就算困難重重，他也不會灰心喪氣，依舊能保持著飽滿的激情與高昂的鬥志，樂觀地去解決問題，從而順利地渡過難關。

微笑服務，是美國「旅館大王」希爾頓的經營理念。他要求自己的員工，即使再辛苦也要充滿激情，時刻保持著對工作的熱忱，一定要隨時對客人保持微笑。

希爾頓的座右銘就是：「你今天對顧客微笑了嗎？」幾十年中，他一直都在周遊世界各地，視察各家分店的營業情況，每到一個地方，他對員工說得最多的就是這句話。

早在一九三〇年，美國的經濟相當的不景氣，百分之八十的旅館紛紛停業或者倒閉。希爾頓旅館也沒能躲掉這次厄運，但是希爾頓還是信念堅定地奔赴各地，鼓勵自己的員工要充滿激情，保持著自己對工作的熱忱，共同渡過難關，就算是借錢度過這段日子，也必須堅持「對顧客微笑」。

在那段最困難的時期裡，他時常向自己的員工呼籲：「絕對不能將心中的愁雲擺在臉上，不管遇到任何困難，『希爾頓』服務員臉上的微笑永遠屬於客人！」

希爾頓對事業的熱忱，感染了每一位員工，他們一直以其永恆美好的微笑感動著每一位客人。沒過多久，希爾頓旅館便走出低谷，進入了黃金時期，同時還增添了很多一流的設施。

當希爾頓再次巡視時，他問自己的員工：「你們覺得還需要再增添點兒什麼嗎？」員工們都回答不出來。「記住，還要有一流的微笑！」希爾頓笑著說。

可以說，是微笑帶給了希爾頓集團巨大的成功，令其發展為在全球五大洲擁有七十多家分店、資產高達幾十億美元、目前全世界規模最大的旅館連鎖企業之一。

用你對工作的熱忱，去愛護和關懷你的客戶，這是促進你執行任務的極為有力的手段。現在很多企業家，正是將這種手段貫徹到執行的過程中，從而在事業上取得了巨大的成就。

某企業的創始人說過：「如果說我的生命有什麼驅動力，那就是我時時刻刻都對自己的工作保持著熱忱，我們所做的每一件事，都觸及愛和關懷這兩個不可分割的主題。」

有一位推銷百科全書的業務員，曾經連續六年在三十六個國家獲得銷售業績第一名的成績。有人問其成功秘訣，他只回答說：「每次拜訪顧客以前，我都會提前五分鐘到，然後在洗手間裡照照鏡子，將兩根手指伸到嘴巴內，開始擴張，等感到肌肉鬆弛了，就對著鏡子說：『我是世界上一流的，我是世界上最棒的。』」

有一次，這位業務員和一位總經理約好了在下午兩點鐘見面。一點五十五分的時候，他準時來到了洗手間，對著鏡子說：「我是最棒的……」這個時候，突然有個人走了進來。他依舊繼續說著。這個人笑了笑，上完洗手間就走了。到了一點五十九分，業務員敲開了總經理的門，在他進去以後，兩個人都有些驚訝，因為剛才他們在洗手間裡已經見過面了。

總經理直接說：「小夥子，你的產品我要了。」

「能告訴我這是為什麼嗎？」業務員問道。

「因為你對自己的工作始終保持著熱忱，正是這種力量感動了我。我以前早就聽說過，你每次拜訪顧客時，都要提前五分鐘到，並會在洗手間裡照鏡子，今天是我親眼所見，所以我相信你介紹的產品。」

熱忱影響行動，熱忱成就事業，因此許多知名企業都將對工作保持熱忱，當成招聘員工的標準之一。例如，微軟招聘會上的一位考官曾經對記者說：「我們願意招的『微軟』人，他首先應該是一個對待工作熱忱的人——對公司熱愛，對技術有激情，對工作保持熱忱。可能在某一個具體的崗位上，你會覺得奇怪，怎麼會招來這麼一個人，他在這個行業涉獵不深，年紀也不大，但是他對工作非常熱愛且富有激情，所以在和他談完之後，你也會受到感染，願意給他一次機會。」

對工作保持熱忱，可以說是一個人事業成功的內在驅動力。而對工作缺乏熱忱之人，就像插在花瓶裡的花朵一樣，僅有短暫的美麗，很快就會枯萎。

責任感能夠激發人的潛能

無論小事還是大事，我們都要負責，成功必將屬於我們。

——戴爾・卡內基

如果在工作中，不管事情的大小，你都能夠比其他人做得好，這就說明你已經把責任感植根於自己的內心深處了，而你的能力也會因此而提高到另一個高度。

童話《綠野仙蹤》講述這樣一段故事：桃樂絲、獅子、機器人以及稻草人一起去翡翠城裡，尋找一位名叫奧芝的大法師。因爲他們希望能夠從法師那兒得到解決困難與實現夢想所需要的勇氣、決心和智慧。但是到了最後，法師只告訴他們一個很簡單的法則：「實際上，達成所追求目標的力量就在你們自己身上。」任何一個人都能夠利用自己的力量，去解決困難，法師是不能幫上任何忙的。這就是能夠爲自己開啓新生命的、神奇的奧芝法則。

但在事實上，要想解決問題，並著手完成與達成自己的目的，這些都需要方法、決心、勇氣、智慧以及技巧。而這些能力都潛藏在我們自己身上，需要我們通過不懈的努力，將它們充分地挖掘出來。

不過，要如何做才能夠將潛藏在自己身上的能力挖掘出來呢？這首先就需要我們對工作具有責任感。

比方說，一個人想要改善自己的生活狀況，讓自己在事業上取得更大的成就，那麼他就要在工作與生活中對自己的行爲切實地負起責任。在日常工作中，不僅要做好那些上司安排自己去做的事，還要積極主動地去做一些應當做的事。無論是公司的需要，還是客戶的要求，都應當充分地發揮自己的主觀能動性，盡自己最大的努力去做好工作。

只要有了這種想法，在過去你覺得極爲平凡的工作，也會逐漸變得有趣起來。一個人愈是認真負責地專注於自己的工作，從中學到的東西也就會愈多。不過，要想具有責任感，通常不是那麼容易就能做到的，需要從許許多多的小事中慢慢地培養起來。因此，在工作中，如果不管多麼小的事情，你都能夠做得比其他人好，就說明你已經把責任感根植在自己的內心深處了，你的能力也會因此而得到開發和提高。在工作與生活當中，只有具備責任感的員工，才會表現得更加出色和卓越。

阿基勃特，剛開始只是美國標準石油公司的一名普通的職員，但他無論在什麼場合中簽名時，都不忘附加上公司的一句宣傳語「每桶四美元的標準石油」。在書信及收據上也不例外，簽了名之後，也一定寫上這幾個字。時間一長，同事、朋友們就乾脆給他取了個「每桶四美元」的外號，他的真名反而沒人叫了。

公司董事長洛克菲勒聽說了此事，就將阿基勃特叫了過來，問他：「別人用『每桶四美元』的外號叫你，你爲什麼不生氣？」阿基勃特答道：「『每桶四美元』不正是我們公司的宣

傳語嗎？別人叫我一次，就相當於爲我們公司免費做了一次宣傳，我爲什麼要生氣呢？」洛克菲勒感歎道：「你時時處處都不忘爲我們公司做宣傳，正是我們公司需要的職員呀！」於是，洛克菲勒邀請阿基勃特共進晚餐。

五年之後，洛克菲勒從董事長的位子上退了下來，阿基勃特就順理成章地成爲標準石油公司的第二任董事長。他得到升遷的重要原因，就是他時時不忘爲公司做宣傳。你可能會認爲，在簽名時寫上「每桶四美元的標準石油」，這的確並非一件什麼大事。嚴格來講，這件很小的事情，根本就不在阿基勃特的工作職責之內，可他還是堅持這樣做了，他將「責任」這個詞的含義演繹到了極致。

洛克菲勒也曾對自己的員工說過：「我成功，就是因爲我關注了別人忽視的小事情。」因此，不要因沒有什麼驚天動地的事情讓自己去完成而沮喪，只要積極地對待你所遇到的每一件小事，你就很有可能在以後取得成功。

敬業能夠贏得更多機遇

敢於承擔責任的人，身處任何地方，都比別人容易脫穎而出。

——戴爾・卡內基

一名優秀員工身上所必備的一個重要的品質，就是敬業。「敬業」兩個字的內容很廣，勤奮、忠誠、服從、紀律、責任、關注等都涵蓋於其中。一個人如果敬業，那麼他就會變成一個值得信賴的人，一個可以被委派重任的人，而這個人永遠也不會失業。

其實，一個人能力的大小，其知識水準約占百分之二十，專業技能約占百分之四十，而另外的約百分之四十就是責任。這裡約百分之四十的責任，就是一個人的敬業精神，也可以和我們一直強調的「主人翁精神」畫等號。

一般情況下，初涉職場的年輕人都有這樣的感覺：自己做事是爲了老闆，是在爲老闆掙錢。其實，老闆掙錢是情理之中的事，如果你的老闆不掙錢，你又怎麼可能在這家公司繼續待下去呢？但也有些人認爲：反正是在爲別人幹活，能混就混，公司虧了也不用自己來承擔責任，有時甚至還會扯老闆的後腿。實際上，這樣做對老闆、對自己都沒有絲毫的好處。

事實證明，敬業的人能夠從工作中學到比別人更多的經驗，而這些經驗就是你「向上發展

的階梯」。就算以後自己更換了工作，從事不同的職業，豐富的經驗和好的工作方法也必會爲你提供強有力的幫助，無論你從事什麼行業，都極容易獲得成功。

敬業，就是尊敬、尊崇自己的職業。如果一個人以一種虔誠的心態對待自己的職業，甚至對自己的職業有一種敬畏的責任感，那他就已經具有敬業精神。

工作是人的需要，人的天職，這就像蜜蜂的天職是採花造蜜，貓的天職是抓捕老鼠，蜘蛛的天職是張網捕蟲一樣。人也具有自己與生俱來的職責。人來到世上，並不只是爲了享受，也爲了完成自己的使命。

在德語中，「職業」一詞含有「職業、天職」的意思；英語中，「職業」一詞是「calling」，含有「召喚」的意思。所以在現代西方人的理解中，職業就是一個被冥冥之中的神所召喚、所命令、所安排的任務。

天職的觀念會使你的職業具有神聖感和使命感，也會使你的生命信仰與工作緊密地聯繫在一起。你只有將職業視爲自己的生命信仰，才能真正掌握敬業的本質。

曾有人問英國哲學家杜曼先生，成功的第一要素是什麼，他回答說：「喜愛自己的工作。如果你喜愛自己所從事的工作，哪怕工作時間再長、工作強度再大，你也不覺得是在工作，相反像是在做遊戲。」

美國偉大的哲人愛默生也說過類似的話：「每個熱愛自己工作的人，都可以獲得成功。」無論你所從事的是什麼職業，也無論你現在身居何方，都不要認爲自己僅僅是在爲老闆工作。

如果你認爲自己努力工作的最終受益者是老闆，那麼你就犯了一個大錯誤。

每個人工作的過程也是一個提升自我的過程。如果你不能在工作中完善自我，則如同「逆水行舟，不進則退」，你會掉隊，跟不上時代的發展。更確切一點說，不能爲公司創造價值，且不能給老闆帶來效益的員工，在公司裡是沒有立足之地的。

如果你能夠認識到做這一切工作都是在爲自己，那麼你將會發現工作中包含著許多個人成長的機會。這些無形資產的價值是無法衡量的，最終受益者將是你自己。把工作當成是在提高自己，這種人永遠不用擔心會失業。積極、敬業並不僅僅有利於公司和老闆，其實真正的最大受益者恰恰是你自己。

一個以公司利益爲重的人，必然是個敬業的人，也是一個不光爲別人打工，同時更是爲了自己而努力工作的人。當你在爲公司努力工作時，公司的利益和個人的利益便在此畫上了等號。所以，要想成功首先要熱愛自己的工作。優秀的員工都會爲自己的工作而感到榮耀和欣慰。

「世界上最偉大的推銷員」喬・吉拉德，在被問及如何成爲一名好的推銷員時，他是這樣說的：「要熱愛自己的職業。」

他進一步解釋說：「不要把工作看成是別人強加於你的負擔，雖然是在打工，但多數情況下，我們都是在爲自己工作。只要是你自己喜歡，就算你是挖地溝的，又關別人什麼事呢？」

他曾問過一位神情沮喪的人是做什麼的，那人回答說自己是名推銷員。吉拉德馬上告誡對

方說：「推銷員怎麼可能有你這樣的心態呢？如果你是醫生，那麼你的病人肯定會遭殃的。」

世界上汽車推銷商的平均銷售紀錄是每週賣出七輛，而吉拉德平均每天賣出去六輛。

一九六三年，廿五歲的吉拉德因為從事建築生意失敗，身上背負著巨額的債務，幾乎走投無路。後來他只有改行，去賣汽車。剛開始時他並沒有把推銷員這份工作放在眼裡，只是將之當做養家糊口的一種手段。

當他經過努力，賣掉了第一輛汽車後，他內心的想法就完全發生了改變。他撣撣身上的灰塵，對自己說：「就這樣好好地幹，你一定會東山再起的！」從那以後，吉拉德把心思全用在了工作上。用「廢寢忘食」一詞，來形容他對待工作的態度一點也不為過。

有一次，妻子打來電話，說他們的小兒子住進了醫院，讓他趕快過去。當吉拉德匆忙換下工作服準備離開時，一位顧客找上門來，說剛買的汽車剎車不好使，要求他儘快給調一下。吉拉德二話沒說，立即又換上工作服鑽進了車底，一做就是幾個小時。當他拖著疲憊的身體趕到醫院時，妻子已經摟著兒子進入了夢鄉。他沒有驚動母子倆，只是在病房的牆角蹲了一夜，第二天便又早早地去上班了。

就在吉拉德一個月也沒有賣出一輛汽車的時候，他沒有失望，多年的經驗和教訓告訴他，所有的工作都會有難度，都會出現這樣或那樣的問題，如果一遇到問題就退縮，或者一次接一次地跳槽，情況有可能會變得越來越糟。

他常把對待工作的責任感，形容成一個人種下一棵樹，從種下去開始，就要精心呵護，傾注你的熱情，該澆水時澆水，該剪枝時剪枝，等它慢慢長大時，它就會給你回報。

作為一名汽車推銷員的吉拉德，他種下的樹苗早已長成參天大樹，並給他帶來無窮的財富。

在現實生活中，我們經常會看到一些受過良好教育、才華橫溢的「窮人」。認真地探討一下，我們就會發現，造成這種現象的原因，就是他們不願意自我反省，並養成了一種嘲弄、吹毛求疵、抱怨和批評的惡習。他們根本無法獨立自主地去做任何事，只有在被迫和監督的情況下才能工作。而被動地去工作，往往缺乏責任心。他們沒有責任感，沒有把公司的任務當做是自己的，所以，他們永遠也不會獲得更好的機遇。因此，對待工作要有敬業精神，只有這樣才能夠獲得更多的機遇。

對你最重要的不是薪水

人的煩惱百分之七十都和金錢有關，而許多人在處理金錢時，卻往往十分盲目，結果給自己帶來無窮無盡的煩惱。

——戴爾・卡內基

我們的生存離不開金錢，但把工作的目的單純地定位於金錢，你就永遠都不會有更好的發展機遇。因爲你的定位決定了你的高度薪水不是最重要的，工作所給你的，往往要比你爲它付出的更多，只是你不曾發現而已。如果你將工作視爲一種積極的學習經驗，那麼，每一項工作中都包含著許多個人成長的機會。爲薪水而工作，看起來目的明確，但是往往會被短期利益蒙蔽了心智，看不清未來發展的道路，最終留於自己所設的壁壘中。那些不滿於薪水而敷衍了事的人，固然對老闆是一種損害，但是長此以往，也會使自己的生命枯萎，將自己的希望斷送，埋沒自己的才能，湮滅自己的創造力。

如果你有機會去研究那些成功人士，就會發現他們並非始終高居事業的頂峰。在他們的一生中，曾多次攀上頂峰又墜落谷底，雖起伏跌宕，但是有一種東西永遠伴隨著他們，那就是經驗和能力。這些能力能幫助他們重返巔峰，俯瞰人生。這就是不爲薪水工作，敬業樂群的益處。

如果你一直努力工作，一直在進步，你就會有一個良好的、沒有污點的人生記錄，你在公司甚至整個行業都會擁有一個好名聲，你將因自己良好的聲譽而獲得別人無法得到的生存契機。

有許多人上班時常常是我行我素，要麼上班遲到、早退，要麼在辦公室與人閒聊，既浪費自己的時間也浪費別人的時間，有的甚至還借出差之名遊山玩水……這些人也許並沒有因此被開除或扣減工資，但他們會落得一個工作不認真的名聲，也就很難有晉升的機會。即使他們想轉換門庭，也不會有哪家公司對他們感興趣。所以，做工作永遠都不要將薪水放在第一位來考慮，否則，你的工作就像是被放置在櫃檯上的次品，永遠不值得珍藏。唯有不計得失，把工作做到最好的人，才是最值得信賴的人，才會有讓人珍視的價值。在工作面前，永遠都不要停留，這應該是我們每個人的追求。

一個人如果總是爲自己到底能拿多少工資而大傷腦筋的話，他就不可能看到工資背後可能存在的成長機會，他不可能意識到可以從工作中獲得技能和經驗。這樣的人只會在無形中將自己困在裝著工資的信封裡，永遠也不懂自己真正需要什麼。

威爾曾經聘用了一位小姐當助手，替他拆閱、分類及回覆他的大部分私人信件。當時她的工作是聽威爾口述記錄信的內容。她的薪水和其他從事類似工作的人大

致相同。有一天，威爾口述了下面這句格言，並要求她用打字機把它打下來，記住：你唯一的限制就是你自己腦海中所設立的那個限制。

當她把打好的紙張交還給威爾時，她說：「你的格言使我獲得了一個想法，對你、我都很有價值。」

從那天起，威爾可以看得出，這件事在她頭腦裡留下了極為深刻的印象。她開始在用完晚餐後回到辦公室來，並且從事不是她分內而且也沒有報酬的工作。她開始把寫好的回信送到威爾的辦公室來。

她已經研究過威爾的風格，因此，這些信回覆得跟威爾自己所寫的完全一樣。她一直保持著這個習慣，直到威爾的私人秘書辭職為止。當威爾開始找人來填補這位秘書的空缺時，他很自然地想到這位小姐。因為這位小姐在威爾還未正式給她這項職位之前就已經主動地接收了這項職位。由於她在下班之後，沒有支領加班費的情況下，對自己加以訓練，終於使自己有資格出任威爾手下中最好的一個職位。

大多數人認爲，薪水越多付出越少就越是好事，當然，這不大可能。但至少付出與收穫應該畫等號才是正常的。那些不計報酬，只知道傻幹的人是最笨的人。其實，最終受益的人永遠都是不計報酬且有真才實幹的人。

第十篇

如何讓你變得更加成熟

【戴爾・卡內基智慧】

● 一個堅強而成熟的人，一個願意並能夠對自己和自己的行為負責的人，才是這個時代所需要的。

● 一個渴望成熟的人一定要切記，要對自己的行為負責，要勇於承擔責任，絕不為自己尋找任何藉口。

● 成熟的第一步，是勇於承擔責任。我們都已經脫離了將自己的跌倒遷怒於椅子的孩童階段。我們應該直面人生，自己對自己負責。

● 如果在你一心嚮往的事上，尚未能成功，千萬不要放棄。成功者多半都有這個信念，要知道，挫折是難免的，重要的是怎麼樣去克服它。堅持並戰勝挫折，世界就在你的腳下了。

● 當悲劇降臨時，世界彷彿停滯不前了，我們的悲劇將會一直持續下去。但是，我們一定要克服悲哀，繼續上路，只要回憶起那些快樂的往事，我們就會感到幸福終將到來。

- 一個人的平庸與否不在於他現在是什麼樣的人，而在於他渴望成為什麼樣的人，並且是否為此而努力。
- 如果你的心中充滿一些堅定的信念，就不要在意別人說什麼和做什麼，只要不違背自己內心的信念就行。
- 每一個人的人生經歷都是獨一無二的，要想獲得成熟的智慧，就必須認識並理解這個事實。
- 你可以從別人的視覺來看待事物，但是一定要從你自己的視覺出發去做事。如果完全順從和趨利避害，那麼人就會變成奴隸。
- 要想獲得進步，突出自我，就要集中精力發揮自己的優點，展現自己最優秀的一面，拋開自己的缺點。當然，我們一定要糾正自己的錯誤，並迅速忘掉它們。
- 要想贏得別人的友情，就必須甩掉包袱，不要擔心別人是否會喜歡我們，而且要儘量發掘我們身上潛藏的基本素質，激發別人來賞識我們。

勇於承擔責任

成熟的第一步，是勇於承擔責任。我們都已經脫離了將自己的跌倒遷怒於椅子的孩童階段。我們應該直面人生，自己對自己負責。

——戴爾・卡內基

在現實生活中，即便是成年人也會有推卸責任的事發生。其實想想原因是很簡單的，因爲責怪別人比自己承擔責任要容易得多。我們中的一些人總是在抱怨別人，責怪父母、同學、朋友、兒女、配偶甚至整個社會。那些心智不成熟的人總有理由爲自己開脫，他們總是想著找各種各樣的理由去說服自己推卸責任，而不考慮怎樣承認錯誤，直面困難，並最終解決困難。

其實，作爲一個成熟的人，我們首先要做的就是勇於承擔責任。對於大大小小的應該由我們承擔的責任，我們應盡力去承擔，而不要像小孩子拿椅子出氣那樣不負責任。

但是戴爾・卡內基卻是與眾不同的，他從小就知道承擔自己應該承擔的責任。

卡內基十六歲時，就不得不爲家裡的農場負起一部分責任。每天早晨，他騎馬進城上學，放學後，他便急匆匆地騎馬趕回家裡的農場，處理一大堆雜務：擠牛奶、修剪樹木、收拾殘湯剩飯餵豬……只有幹完這些雜務後，卡內基才能點上煤油燈，在昏暗微弱的燈光下開始讀書。然而這還並不意味著卡內基可以無牽無掛地讀書了。

當時，卡內基的父親詹姆斯仍在農場生產線裡不斷探索致富的門路。最後他選擇豢養一種叫做杜洛克澤克的大豬。這種豬的飼養程序麻煩，母豬的生產期是每年的二月初，時值春寒料峭，室外的溫度還在零度以下。爲避免這些豬崽被凍死，詹姆斯把牠們放在一個用麻布遮著的籃子裡，並把籃子放置在廚房火爐的後面。

於是，卡內基晚上又增加了照顧這些小豬的雜務。

在一九三六年的一部自述中，卡內基曾提及過這段經歷：「晚上我上床前做的最後一件事，就是把放著小豬的籃子從廚房後面的火爐旁邊搬到豬圈裡，讓這群小豬吃奶，等牠們吃完奶後，又把牠們一隻隻地提進籃子，再把籃子重新搬放到火爐後邊去。然後，我上床睡覺，並把鬧鐘的時間定在第二日凌晨三點。鬧鐘一響，不論有多麼睏倦，我都得揉揉惺忪的睡眼，在涼颼颼的冷風中穿好衣服下床，再次把小豬送進豬圈吃奶後搬回來。然後我再把鬧鐘定在早上六點，那是我起來念拉丁文的時間。

「有一次，我想節約時間，便在凌晨三點，連衣褲都不穿就去給小豬餵奶，結果差點凍個半死，並因此患了傷寒，在床上躺了整整一周。當時我真的感到死亡的大門朝我打開了，我甚至看見了地獄門口的大字……」

卡內基認爲，成熟的第一步，是勇於承擔責任。我們都已經脫離了將自己的跌倒遷怒於椅子的孩童階段。我們應該直面人生，自己對自己負責。

許多人總是把一些東西當做責怪的對象，就是不敢承擔自己的責任。在這些被視爲造成人們遭遇諸多困難的外在因素中，許多人還將迷信的星相學或是命相學作爲自身不是的理由。比如有些人說：「我的生辰八字決定了我一生命運坎坷」或者「我的星座決定了我這種多變的性格」等。

但莎士比亞卻曾在《凱撒大帝》中有過這樣一段精彩的話語：

「親愛的布魯斯諾，這樣的錯誤，並不應歸結於我們所屬的星座，而是我們養成的長期地聽命的習慣。」

所以，對於那些希望自己的心靈不斷成熟的人來說，他們最應該做的事情是：要勇於對自己的行爲負責，別爲自己找藉口，不要總把責任推卸給別人。

在美國西點軍事學校，每一位新生學到的第一課，就是來自一位高年級學員的大聲訓導。他告誡所有的新生，不管什麼時候，遇到學長或者軍官問話，只能有四種回答：「報告長官，是！」「報告長官，不是！」「報告長官，沒有任何藉口！」「報告長官，我不知道！」除此之外，不能多說一個字，因為長官要的只是結果，而不是喋喋不休的辯解。

「別找任何藉口」是西點軍校奉行的最重要的行為準則，它告訴每一個學員：失敗是沒有藉口的，每個人都應該承擔起自己應盡的責任。

勇於承擔責任才能有所作爲，真正地體現人生價值。沒有責任就沒有壓力，沒有壓力就沒有動力。勇於承擔責任可以考驗一個人的工作能力，也可以激勵一個人發揮自身作用。卡內基認爲，一個堅強而成熟的人，一個願意並能夠對自己和自己的行爲負責的人，才是這個時代所需要的。

七歲的埃迪坐在靠近門邊的書桌前寫作業，外面風很大，作業本被風吹得直響。埃迪不得不一次次地跑去關門，每次門剛關上不久，就又被一陣猛烈的風吹開了。

這時，鄰居山姆叔叔來找埃迪爸爸，他沒有進門，只是和埃迪爸爸站在大門外閒聊起來。

可是，沒多久，風又把門吹開了，埃迪於是跑去關門。他猛地把門合上，然而大門卻因為碰到障礙物反彈了回來，與此同時，埃迪爸爸痛苦地叫喊起來。

埃迪驚恐地看到，門外的爸爸五官痛苦地扭曲在一起，頭髮一根一根地豎著。原來，剛才爸爸的手放在門框上，埃迪突然關門，差點把爸爸的手指夾斷。

埃迪嚇壞了，以為這次一定免不了一頓暴打。但是爸爸的巴掌一直沒有落下來。

事後，爸爸對埃迪說：「當時我實在痛得厲害，原本想狠狠地打你一個耳光，但是，轉念一想，是我自己把手放在門框上的，錯誤在我，憑什麼打你。」

父親的這句極為普通的話，卻給了埃迪一個畢生受用的啓示：犯了錯誤必須自己承擔後果，不可遷怒於他人，不可推卸責任。

卡內基也認爲，一個渴望成熟的人一定要牢記，要對自己的行爲負責，要勇於承擔責任，絕不爲自己尋找任何藉口。

一個人要想邁向成熟就應該勇於承擔責任，在工作和生活中，我們都需要樹立責任意識，勇於承擔責任，這樣才能在社會實踐和工作中不斷地提高自己，從而爲企業和社會發展做出應有的貢獻。

困境中更要堅持不懈

如果在你一心嚮往的事上，尚未能成功，千萬不要放棄。成功者多半都有這個信念，要知道，挫折是難免的，重要的是怎麼樣去克服它。堅持並戰勝挫折，世界就在你的腳下了。

——戴爾．卡內基

在困境中堅持不懈是一種即使面臨失敗、挫折當繼續努力的能力。我們常常能夠觀察到，正確對待逆境的銷售人員、軍人、學生和運動員等均能從失敗中恢復並繼續前進，而當遇到逆境時不能正確對待的人（低AQ者，逆境指數）則常常會輕易放棄。

有一位推銷員，為一家公司推銷日常用品。一天，他走進一家小商店裡，看到店主正忙著掃地，他便熱情地伸出手，向店主介紹和展示公司的產品，但是對方卻毫無反應，很冷漠地看著他。這位推銷員一點也不氣餒，他又主動打開所有的樣品向店主推銷。他認為，憑自己的努力和推銷技巧一定會說服店主購買他的產品。

但是，出乎意料的是，那個店主卻變得暴跳如雷起來，用掃帚把他趕出店門，

並揚言：「如果再見你來，就打斷你的腿。」

面對這種情形，推銷員並沒有憤怒和感情用事，他決心查出這個人如此恨他的原因。於是，他經過多方打聽才明白了事情的真相。原來，在他以前，另一位推銷員向他推銷的產品賣不出去，佔用了許多資金。店主正發愁如何處置這些產品。

瞭解這些情況後，推銷員開始疏通各種管道，重新做安排，使一位大客戶以成本價格買下店主的存貨。不用說，他受到了店主的熱烈歡迎。

這個推銷員面對被掃地出門的處境，依然充分發揮自己的堅持精神，不斷尋找突破逆境的途徑，以獲得成功。

克爾曾經是一家報社的職員。他剛到報社當廣告業務員時，對自己充滿了信心。他甚至向經理提出不要薪水，只按廣告費抽取傭金。經理答應了他的請求。

開始工作後，他列出一份名單，準備去拜訪一些特別而重要的客戶，而「公司」其他業務員都認為想要爭取這些客戶簡直是天方夜譚。在拜訪這些客戶前，克爾把自己關在屋裡，站在鏡子前，把名單上的客戶念了十遍，然後對自己說：「在本月之前，你們將向我購買廣告版面。」

之後，他懷著堅定的信心去拜訪客戶。第一天，他以自己的努力和智慧與二十個「不可能的」客戶中的三個談成了交易；在第一個月的其餘幾天，他又成交了兩筆交易；到第一個月的月底，二十個客戶只有一個還不買他的廣告版面。

儘管取得了令人意想不到的成績，但克爾依然鍥而不捨，堅持要把最後一個客戶也爭取過來。第二個月，克爾沒有去發掘新客戶，每天早晨，那個拒絕買他廣告的客戶的商店一開門，他就進去勸說這個客戶做廣告。而每天早晨，這位客戶都回答說：「不！」每一次克爾都假裝沒聽到，然後繼續前去拜訪。到那個月的最後一天，對克爾已經連著說了數天「不」的客戶的口氣緩和了些：「你已經浪費了一個月的時間來請求我買你的廣告了，我現在想知道的是，你為何要堅持這樣做？」

克爾說：「我並沒浪費時間，我在上學，而你就是我的老師，我一直在訓練自己在逆境中的堅持精神。」那位客戶點點頭，接著克爾的話說：「我也要向你承認，我也等於在上學，而你就是我的老師。你已經教會了我堅持到底這一課，對我來說，這比金錢更有價值。為了向你表示我的感激，我要買你的一個廣告版面，當做我付給你的學費。」

克爾完全憑著自己在挫折中的堅持精神達到了目標。在生活和事業中，我們往往因爲缺少這種精神而與成功失之交臂。我們很容易從夢境中掙扎出來，但是卻無法一下子從人生的困境中解脫出來。實際上，讓自己從軟弱無力的精神狀態中慢慢起步，漸漸加速，直到完全控制自

己的意志，與夢醒的過程極其相似。

意志力堅強的人懂得培養自己的恒心和毅力，並將它變成一種習慣，無論遭受多少挫折，仍堅持朝成功邁進，直至獲取成功爲止。

經得起考驗的高AQ者常常以其恒心、耐力而獲酬甚豐。與此同時，他們還將得到比物質報酬更重要的經驗：「每一次失敗都伴隨著一顆同等利益的成功種子。」

將成功者和失敗者進行比較後會發現，他們的年齡、能力、社會背景、國籍等方面都很可能相同，但是有一個例外，那就是對遭遇挫折的反應不同。低AQ者跌倒時，往往無法爬起來，他們甚至會跪在地上，以免再次遭受打擊；而高AQ者的反應則完全不同，他們被打倒時，會立即反彈起來，並充分吸取失敗的教訓，繼續往前衝刺。低AQ者的憂慮及失敗感使他們的精神難以集中，絕望的心情也可能會使他們放棄及逃避奮鬥的過程，進而缺乏克服困難的持久力。高AQ者卻能從挑戰中獲得滿足感，所以更能自發持久地面對困難。

最偉大的發明家湯瑪斯·愛迪生，對於人生中的挫折抱著罕見的不放棄精神，這使他創造了非凡的成就。在發明電燈的過程中，其他人因為失敗而感到心灰意冷時，他卻將每一次失敗都視為又一個不可行方法的減少，並確信自己向成功又邁進了一步。

生命中永遠存在著障礙，不會因爲你的忽視而消失。當你因爲某件事而遭受挫折時，不妨想想愛迪生在給整個世界帶來光明前，那許許多多的失敗。愛迪生的堅韌不拔在於他知道有價值的事物是不會輕易取得的，如果真的那麼簡單，那麼人人皆可做到。正是因爲他能堅持到一般人認爲早該放棄的時候，才會發明出許多當時的科學家想都不敢想的東西。

英國首相邱吉爾不僅是一名傑出的政治家，而且是一個著名的演講家，他十分推崇面對逆境堅持不懈的精神。他生命中的最後一次演講是在一所大學的結業典禮上，演講的全過程大概持續了二十分鐘，但是在那二十分鐘內，他只講了兩句話，而且都是相同的：堅持到底，永不放棄！堅持到底，永不放棄！

這次演講是成功學演講史上的經典之作。邱吉爾用他一生的成功經驗告訴人們：成功根本沒有什麼秘訣可言，如果真有的話，就只有兩個：第一個就是堅持到底，永不放棄；第二個就是當你想放棄的時候，回過頭來看看第一個秘訣：堅持到底，永不放棄。

敏銳的觀察力、果斷的行動和堅持的毅力是成功的必備要素。你可能用敏銳的目光發現了機遇，同時也能用果斷的行動去抓住機遇，但是最後還需要用你堅持的毅力把機遇變成真正的成功。

在成功過程中，堅持的毅力非常重要，面對挫折時，要告訴自己：堅持，再來一次。因爲

這一次失敗已經過去，下一次才是成功的開始。人生的過程都是一樣的，跌倒了，爬起來。只是成功者跌倒的次數比爬起來的次數要少一次，平庸者跌倒的次數比爬起來的次數多了一次而已。最後一次爬起來的人稱爲成功者，最後一次爬不起來或者不願爬起來，喪失堅持的毅力的人，就叫失敗者。

缺乏恒心是大多數人最後失敗的根源，一切領域中的重大成就無不與創造成就者的堅韌的品質有關。成功更多依賴的是一個人在逆境中的恒心與忍耐力，而不是天賦與才華。正如有的人所說：「恒心與忍耐力是征服者的靈魂，它是人類反抗命運、個人反抗世界、靈魂反抗物質的最有力支持。」

擺脫生活中的不幸

當悲劇降臨時，世界彷彿停滯不前了，我們的悲劇將會一直持續下去。但是，我們一定要克服悲哀，繼續上路，只要回憶起那些快樂的往事，我們就會感到幸福終將到來。

——戴爾・卡內基

我們每個人都會有不幸的時候，如離開熟稔友愛的鄰居、失業、父母去世、子女離家自立等。這個時候，誰的心情都不會愉快。但如果我們總被負面情緒困擾著，我們就不能盡情地享受現在，更談不上有一個美好的未來了。這就需要我們學會擺脫生活中的不幸，給自己信心和快樂。

下面就讓我們看看戴爾・卡內基是如何擺脫生活中的不幸的：

一八九八年夏季，暴風雨席捲密蘇里平原，洪水氾濫。卡內基和他的三個夥伴莫得・伊文思、莫得的弟弟蓋・羅伊及格蘭又聚在了他家田園附近的那間破木屋裡。

卡內基他們約定，誰從窗戶上向下跳的次數最多，其他人就得聽命於這個人。

卡內基跳下的次數已經遠遠超過了其他夥伴，只見他雙手抓著窗櫺，腳踩在窗臺上，上氣不接下氣地對著其他夥伴嚷道：「使勁呀……」他又跳向地面，但這次他沒有像以往那樣大吵大叫了，卡內基覺得左手食指一陣劇痛，接著整個左手都麻木了。

原來，卡內基左手食指上的戒指被窗櫺上的一枚鐵釘鉤住了，他跳落地面時，食指已被扯裂開來，鮮血迅速從傷口湧出，連左邊的衣袖也被浸漬得一片鮮紅。

由於止血及時，傷口並沒有被感染，但卡內基的左手卻從此缺少了一根食指。這次經歷也深深地銘刻於他的記憶之中。

三十年後，卡內基在歐洲的一次講學中還提及此事，他把這次經歷作為講課的引用材料。他認為，當不幸降臨於自身時，我們根本沒有必要去怨天尤人，因為不幸的根源是我們自己的錯誤。他說他也曾為這個缺陷而自卑過，但現在沒什麼了。這時卡內基已是一個成熟的樂觀主義者了。

卡內基認為，當悲劇降臨時，世界彷彿停滯不前了，我們的悲劇似乎將會一直持續下去。但是，這時我們一定要克服悲哀，繼續上路，只要回憶起那些快樂的往事，我們就會感到幸福終將到來。而這種樂觀的心態將取代我們內心的悲痛。不幸也不完全是壞事，它會成為一種動力，促使我們採取行動，提高我們自身的素質，我們的智慧也將因此而變得更加豐富，並最終克服困難。

有一個自小就生活在沙塵陰影下的男孩。他的雙親終其一生都在為生存而與風暴及乾旱作鬥爭。雙親過世之後，年輕人便擔負起生活的重擔。直到有一天，他們實在到了山窮水盡的地步——沒有農作物可以收割，農倉裡一無所有。他們就要餓肚子了，年輕人眼望著農舍屋頂上面的塵土，卻也只能一籌莫展地坐著，忽然，他八歲的妹妹開門走進來，身旁還跟著一個她的好朋友。

「吉米，你可以給我十美分嗎？」她渴切地問道，「我們想到店裡去買一些餅乾，我們每個人都需要十美分。」

吉米久久說不出話——因為他想不出一個更好的理由來拒絕。他沒有十美分，搜遍了全身的口袋也找不到十美分。

「妹妹，非常對不起。」他溫和地說道，「我沒有十美分。」

當天晚上，吉米翻來覆去睡不著，因為他永遠也忘不了妹妹臉上失望的表情。有生以來，他經歷過不少打擊——雙親去世，沙塵風暴的襲擊……但他沒有一次像今天一樣——他居然沒有十美分滿足自己年幼的妹妹這麼卑微的要求。難道自己連這麼一點要求也無法滿足她？吉米想了很久，決定採取一些行動。就在天將要亮的時候，他終於下定決心，並想好了整個計畫。

吉米一直想當一名教師。但是自從雙親過世之後，他以為自己最好留在家裡，

以擔負起農場的工作。但是，眼見農場一再受到沙塵風暴的摧殘，這使他不得不考慮從事其他工作，於是第二天吉米就到鎮上給自己找了一份臨時工作。從那時起，他借來許多書，每天都認真研讀到深夜，以準備有朝一日能從事他真正想要的工作——當一名教員。果然，他後來終於在一個鄉村學校找到了一份教職工作。由於他不懈努力，不但最終如願以償，也贏得了鄰居的讚美與尊敬！

因此，面對困難，只要我們有一種不服輸的精神，那麼我們就有獲得成功的機會。假如我們一開始就被困難打倒了，那麼我們的人生將是一部悲劇。

卡內基認為，人生真正的圓滿，並不是平靜乏味的幸福，而是勇敢地面對所有的不幸，不幸可以激發潛藏在我們體內的能量。如果不是情勢所逼，需要我們對這種潛能善加運用，我們將有可能永遠埋沒自身所具有的這種巨大能量。

信念是生命的脊樑

如果你的心中充滿一些堅定的信念，就不要在意別人說什麼和做什麼，只要不違背自己內心的信念就行。

——戴爾・卡內基

信念是心靈的路標，有了它我們就不會失去方向，有了它我們就會對未來充滿信心和希望，有了它理想將不會離我們遠去，有了它成功來得更快。信念是生命的脊樑。一個人活著，無論外界的環境多麼惡劣，只要心中「信念的燈」亮著，所有的絕境和困苦都算不了什麼，都不是人生之路的障礙。

卡內基進入瓦倫斯堡州立師範學院後，開始了他走向成功的人生之路。在那裡，卡內基參加了十二次比賽，卻屢戰屢敗。最後一次比賽敗北後，卡內基開始對自己的能力產生懷疑，所有美好的希望破滅了，他拖著疲憊的身子，精疲力竭、意志消沉地在河畔久久地彷徨。

總是失敗，對人的信心是極大的打擊。三十年後卡內基談及第一次演說的失敗，還以半開玩笑的口吻說：

「是的，雖然我沒有找出舊獵槍和與之相類似的致命東西來，但當時我的確想到過自殺

……」

「我那時才認識到自己是很差勁的……」

人的一生猶如一盤磁帶，它將忠實地記錄下各種路人的音響，有無爲者的歎息，絕望者的哀鳴，也有進取者激越昂揚的高歌，創新者奮不顧身的絕唱，開拓者震天動地的呼嘯……

當現在的人們面對卡內基的成功之路時，已經把他當做一位激越的進取者和勇敢的開拓者。即便是在這位聲名赫赫的成人教育家、交際大師溘然辭世的今天，人們在認真地探討他的教學課程的同時，也不難明白一點：卡內基本人的經歷就是一部活生生的教材。

卡內基就是卡內基，在瓦倫斯堡州立師範學院，經歷了一連串失敗後，卡內基儘管也曾有過短暫的消沉，但卻馬上振作精神，重新面對生活。

「在哪裡跌倒了，就在哪裡站起來。」卡內基是這樣說的，也是這樣做的。

信念是一粒種子，一經播種便可在心靈的原野上長成參天大樹。信念是一縷輕風，一旦吹拂過乾枯的心田，便可以喚醒生命中的盎然綠意。

有時候，創造奇跡的不是能力，而是一種堅定的信念。有人曾說過：「噴泉的高度不會超過它的源頭。一個人的事業也是這樣，他的成就絕不會超過自己的信念。」

羅傑·羅爾斯是美國歷史上第一位黑人州長，但是誰也想不到，他的成功居然源於小學老師的一句話。羅傑·羅爾斯出生在紐約的貧民窟，受環境影響，有著和其他孩子一樣的惡習：打架、翹課。

小學老師保羅想盡了辦法改造他們，但是都沒有用。有一次保羅發現小孩子特別喜歡看手相，於是就在課堂上給學生看手相。按照保羅的解釋，孩子們長大後，不是有錢人，就是體育界明星，孩子們都很高興。

羅爾斯把自己髒兮兮的黑手伸過去，保羅研究了很久說：「你以後一定是紐約州的州長，我敢打賭。」他望著羅爾斯很確定地說。

羅爾斯有點不相信自己的耳朵，暗暗下定了當州長的決心。從此，羅爾斯慢慢改變了自己的壞習慣，按照州長的要求來要求自己。終於在五十一歲的時候，羅爾斯真的成為紐約州第五十三任州長。

「這個世界上，沒有人能夠使你倒下。如果你自己的信念還站立著的話。」這是著名的黑人領袖馬丁・路德金的名言。即使在最困難的時候，也不要熄滅心中信念的火把。信念是一種無堅不摧的力量，人只要擁有堅定的信念，就能擁有戰勝一切困難的力量。

有人曾經說過：「即使拿走我現在的一切，只要留給我信念，我就能在十年之內奪回它。」信念是生命的脊樑。對於一個人來說，最可怕的是失去了生活的信念和追求的目標。

有信念就有創造奇跡的機會，它可以使許多「不可能」的事情變成現實。只要我們善於運用內心的信念，它就會成爲一股取之不盡的力量源泉。

相信自己是獨一無二的

每一個人的人生經歷都是獨一無二的，要想獲得成熟的智慧，就必須認識並理解這個事實。

——戴爾・卡內基

沒有任何兩片樹葉是完全相同的。可以肯定，每一個人都是獨一無二的。因此，我們要好好地珍惜自己。

心理學家指出：我們對自己的認知、對自己的定位以及將要實現的目標決定著我們在這個世界上的獨特位置。

也就是說，如果你認定了自己的獨特之處，你就會具有獨一無二的形象。如果你有個清晰的自我認識，那麼就不會給自己身上貼很多消極、悲觀的標籤。不要被你所做的工作、所住的房子、所開的汽車或所穿的衣服限定住。因爲這不是定位的最終目標，你也不是這些東西的總和。成功者相信自己，我們取得成功的潛在動力來源於我們對成功獨一無二的完美詮釋，更主要的是對定位的深刻理解。

心靈的成熟過程，是不斷地發現自我、探尋自我的過程。除非我們先瞭解自己，否則我們很難去瞭解別人。

由於戰爭的爆發，某人無法取得他的工廠所需要的原料，因此只好宣告破產。他大為沮喪，於是，離開妻子兒女，成為一名流浪漢。他對於這些損失無法忘懷，而且越來越難過，甚至想要自殺。一個偶然的機會，他看到了一本名為《自信心》的書。這本書給他帶來了勇氣和希望，他決定找到這本書的作者，請他幫助自己重新站起來。

當他找到作者，說完他的故事後，那位作者卻對他說：「我已經以極大的興趣聽完了你的故事，我希望我能對你有所幫助，但事實上，我卻沒能能力幫助你。」他的臉立刻變得蒼白。他低下頭，喃喃地說道：「這下子完蛋了。」

作者停了幾秒鐘後說：「雖然我沒有辦法幫助你，但我可以介紹你去見一個人，他可以幫助你東山再起。」剛說完這幾句話，流浪漢立刻跳了起來，抓住作者的手，說道：「看在老天爺的分上，請帶我去見這個人。」

於是作者把他帶到一面高大的鏡子面前，用手指著鏡子說：「我介紹的就是這個人。在這個世界上，只有這個人能夠使你東山再起。除非你坐下來，徹底認識這個人，否則，你只能跳到密西根湖裡。因為在你充分認識這個人之前，對於你自己或這個世界來說，你都將是個沒有任何價值的廢物。」

他朝著鏡子向前走了幾步，用手摸摸他長滿鬍鬚的臉孔，對著鏡子裡的人從頭到腳打量了幾分鐘，然後退後低下頭，開始哭泣起來。幾天後，作者在街上碰見了這個人，幾乎認不出來了。他的步伐輕快有力，頭抬得高高的。他從頭到腳打扮一新，一副很成功的樣子。

「那一天我離開你的辦公室時，還只是一個流浪漢。我對著鏡子找到了我的自信。現在我找到了一份月薪三千美元的工作。我的老闆先預支一部分錢給我。我現在又走上成功之路了。」他還風趣地對作者說：「我正要前去告訴你，將來有一天，我還要再去拜訪你一次。那時我將帶一張支票，簽好字，收款人是你，金額是空白的，由你填上數字：因為你介紹我認識了自己，幸好你要我站在那面大鏡子前，把真正的我指給我看。」

「瞭解你自己」是智慧的開端。那麼，「你是獨一無二」的說法，便是現代人對古老智慧的新的詮釋了。所以，如果你想使自己變得更加自信、成熟，請相信：「你是獨一無二的。」

不知你注意到沒有，儘管我們知道歷史上從來沒有一個人跟我們完全一樣地存在過，但我們還是習慣於拿自己和別人相比。我們習慣於把他人作爲標準來衡量我們自己所取得的成功，當我們在報紙上談到某人取得的偉大成就時，也習慣於從他們的年齡已超過了我們這一點中找到些許安慰並對自己說：「到了他們那個年紀，我也有可能取得同樣的成功。」

在這裡，我們要說的是，拿自己與別人相比是毫無意義的，因爲你根本就不知道別人在生活中的目標與動力，你也不具備別人那種獨一無二的能力。你應該這樣想才對：別人有別人的才幹，而你有你的才幹。你也許會常常誤以爲，才幹就是音樂、藝術和智力等特定方面的天賦，實際上並非如此。我們每一個人都有一些奇妙的，而自己卻一直忽視的才幹，諸如激情、耐力、幽默感等，它們是有助於我們取得成功的強有力的工具。

因此，要正確認識自己，不要老拿自己與別人相比，因爲這只會使你對自我形象、自信以及你取得成功的能力產生負面影響，你應該向一個人請教，你自己的能力是否得到了充分的發現與挖掘——這個人不是別人，正是你自己。

如果認定了自己的獨特之處，你同樣也能塑造你獨一無二的形象，也就是說，你可以創造出一個自我的特殊品牌。如果你想成功的話，那麼現在就用一個肯定性的問話來描繪你身上令你自豪的地方，這是標明你自我形象的第一步——不僅是現在的你，而且是想有所成就的你。

想要正確地認識自己，就要弄清這樣一個問題：「我是誰」，並相信自己是獨一無二的，只有這樣，你才能走向成功。

卡內基的活用智慧

成功學10堂課一氣呵成

作者：汪建民
發行人：陳曉林
出版所：風雲時代出版股份有限公司
地址：10576台北市民生東路五段178號7樓之3
電話：(02) 2756-0949
傳真：(02) 2765-3799
執行主編：劉宇青
美術設計：許惠芳
行銷企劃：林安莉
業務總監：張瑋鳳

初版日期：2019年4月
版權授權：呂長青
ISBN：978-986-352-685-8
風雲書網：http://www.eastbooks.com.tw
官方部落格：http://eastbooks.pixnet.net/blog
Facebook：http://www.facebook.com/h7560949
E-mail：h7560949@ms15.hinet.net
劃撥帳號：12043291
戶名：風雲時代出版股份有限公司

風雲發行所：33373桃園市龜山區公西村2鄰復興街304巷96號
電話：(03) 318-1378
傳真：(03) 318-1378
法律顧問：永然法律事務所 李永然律師
北辰著作權事務所 蕭雄淋律師

行政院新聞局局版台業字第3595號 營利事業統一編號22759935

定價：240元

國家圖書館出版品預行編目資料

卡內基的活用智慧——成功學10堂課一氣呵成／汪建民 著. -- 臺北市：風雲時代，2019.03- 面；公分

ISBN 978-986-352-685-8（平裝）

1.成功法 2.生活指導

177.2 108000237